南昌大学经管论丛
江西省教育科学"十四五"规划重点课题（项目编号：23ZD002）

教育管理、要素配置效率与经济增长

吴伟伟　著

中国财经出版传媒集团
经济科学出版社
Economic Science Press

图书在版编目（CIP）数据

教育管理、要素配置效率与经济增长/吴伟伟著. ——北京：经济科学出版社，2022.12
（南昌大学经管论丛）
ISBN 978-7-5218-4446-7

Ⅰ.①教… Ⅱ.①吴… Ⅲ.①教育管理-关系-经济增长-研究 Ⅳ.①G40-058②F061.2

中国国家版本馆 CIP 数据核字（2023）第 012327 号

责任编辑：于 源 李 林
责任校对：王苗苗
责任印制：范 艳

教育管理、要素配置效率与经济增长

Jiaoyu Guanli, Yaosu Peizhi Xiaolü Yu Jingji Zengzhang

吴伟伟 著

经济科学出版社出版、发行 新华书店经销
社址：北京市海淀区阜成路甲28号 邮编：100142
总编部电话：010-88191217 发行部电话：010-88191522
网址：www.esp.com.cn
电子邮箱：esp@esp.com.cn
天猫网店：经济科学出版社旗舰店
网址：http://jjkxcbs.tmall.com
北京季蜂印刷有限公司印装
710×1000 16开 11.75印张 170000字
2023年9月第1版 2023年9月第1次印刷
ISBN 978-7-5218-4446-7 定价：49.00元
（图书出现印装问题，本社负责调换。电话：010-88191545）
（版权所有 侵权必究 打击盗版 举报热线：010-88191661
QQ：2242791300 营销中心电话：010-88191537
电子邮箱：dbts@esp.com.cn）

谨以此书献给我的家人以及在学术之路上为我提供无私帮助的人

前 言
PREFACE

教育对经济社会发展和人类文明进步的贡献不容忽视，从教育哲学的角度来看，教育应该以"使人作为人成为人"为根本旨归，让受教育者全面自由发展。在资本主义萌芽之后，市场经济体制在全球大部分经济体逐步确立，成为资源配置的主流方式，出于对科学技术和经济产出的崇拜，以培养劳动技能或人力资本为目标的教育，一定程度上偏离了教育的原本目的，易形成典型的物化教育模式。然而，无论对当前教育的功能定位和价值意义如何评价，教育对推动经济发展、社会进步的作用已被历史经验充分论证，在提高人力资本、促进技术研发与创新、改善经济发展环境、吸引其他生产要素进入等方面均发挥了重要作用。尤其是在20世纪60年代由舒尔茨、贝克尔等经济学家创立了人力资本理论之后，促进教育量质齐升的发展战略成为多数国家助推经济发展、维持经济持续稳定增长的重要路径。从教育与经济发展的现实来看，教育发展水平与经济增长水平表现出了严格的正相关关系，经济发展水平高的国家，在高等教育、职业教育以及基础教育等各层级教育方面表现良好，形成了比较完善的教育培养模式、产教融合模式和教育类型与层级结构。

改革开放之后，我国经济取得了飞速发展，经济体量现已跃居全球第二，得益于经济发展水平和公共财力的快速提升，包括教育在内的各项公共事业得到显著发展，教育与经济增长之间形成了紧密的联动关系。我国实施以公立教育为主的教育体制，各级政府是教育的主要供给主体，受经济发展水平显著影响的政府财力是教育发展的物质基础，而靠教育提升的人力资本水平、技术研发水平又决定了教育对经济增长的贡献程度。以建立市场经济为导向的经济体制发生根本性变革，全国劳动力市场逐步整合，尤其是20世纪末大学生就业体制发生根本性变革，全国各级劳动力统一大市场逐渐建立，劳动力和人力资本流动自由，提高了要素配置效率，但同时也使各地方教育管理与经济发展的互动机制变得更为复杂。

2018年9月10日至11日，全国教育大会顺利召开，体现了党和政府对教育发展的高度重视，大会明确要优先发展教育事业，加快推进教育现代化、建设教育强国、办好人民满意的教育，围绕"培养什么人、怎样培养人、为谁培养人"这一根本问题推进教育改革，为各级政府、教育管理部门和各级各类学校推动教育改革创新提出了新的要求，也为教育经济与管理领域的学术研究提出了新的研究课题。

宏观层面，教育可以通过多元途径影响经济增长，经济增长反过来也可以通过提高教育财政支出能力、完善人力资本市场、优化科技成果转化机制等方式推动教育发展。微观层面，各级各类学校的办学水平、培养模式、管理模式影响人才培养质量，进而影响劳动力人力资本质量，间接影响经济增长及增长质量。在以公立教育为主的国家，以政府为主导的教育管理方式、管理水平既会影响政府在教育领域的资源配置格局和教育发展路径，又会影响教育的经济增长效应。在我国，无论是基础教育还是高等教育，政府是主要的投入主体，对教育发展具有重要的影响力，探讨教育管理与要素配置效率、经济增长的相互关系具有重要的现实意义。

本书以财政性教育投入、高校教师管理、高校行政管理职能、人力资本流动等方面为切入点探讨教育管理的经济效应。首先从理论上讨论了教育与经济增长关系的争议；其次基于人力资本流动角度，定量分析了在人力资本自由流动的背景下，地方政府教育投入对当地劳动力人力资本的贡献，各层级财政教育投入对国际直接投资（FDI）区位选择的影响，以评价教育财政的支出效率；再次以高等学校作为研究对象，讨论了包括人事管理在内的高等学校行政管理制度对高校行政效率和师资配置效率的影响；最后探讨了地方经济增长对财政性高等教育投入的激励效应，解释地方高等教育投入的内在逻辑。各部分内容均在研究结论的基础上，提出了相应的政策建议，旨在为制定推动教育和经济高质量发展的政策提供理论借鉴。

目 录
CONTENTS

第一章 从确定性的增长效应到"教育的困惑" // 1
　　　　——一个关于教育与经济增长的文献综述 // 1
　　第一节 引言 // 1
　　第二节 教育影响经济增长的基准模型及其演变 // 2
　　第三节 经验实证及其争议 // 5
　　第四节 教育之经济增长效应的制约因素 // 7
　　第五节 未来可能的研究拓展 // 16
　　第六节 高质量经济增长导向下的教育政策探讨 // 17

第二章 教育投入的经济增长质量效应 // 29
　　第一节 引言 // 29
　　第二节 文献综述 // 31
　　第三节 教育投入对增长质量的影响机制 // 34
　　第四节 教育投入结构、产业结构与经济增长质量现状评价 // 36
　　第五节 实证研究 // 42
　　第六节 结论、政策建议与研究展望 // 51

第三章 地方教育财政对劳动力人力资本的异质性贡献 // 58
　　第一节 引言 // 58
　　第二节 文献综述 // 60
　　第三节 劳动力人力资本的区域分布及其动态演进 // 61

1

第四节 经验实证研究 // 67
第五节 结论与政策建议 // 74

第四章 财政性教育投入、人力资本流动与FDI区位选择 // 77
第一节 引言 // 77
第二节 文献综述 // 80
第三节 财政性教育投入与FDI区位选择：基于人力资本视角 // 82
第四节 财政性教育投入影响FDI区位选择的经验实证 // 85
第五节 结论与政策建议 // 99

第五章 职业教育发展对FDI区位选择的影响 // 104
第一节 引言 // 104
第二节 文献综述 // 107
第三节 职业教育对FDI区位选择的影响机制 // 109
第四节 经验实证研究 // 112
第五节 结论与政策建议 // 124

第六章 教师工作监管与大学行政职能异化 // 129
第一节 引言 // 129
第二节 大学行政的职能与对大学行政职能异化的解释 // 130
第三节 大学行政职能异化：低工资导致对大学教师工作的严监管 // 132
第四节 结论与政策建议 // 137

第七章 高校教师流动管制与师资配置效率 // 141
第一节 引言 // 141
第二节 师资配置效率与制度对其的影响 // 142
第三节 高校教师流动管制对教师工作努力与师资配置效率的影响 // 144
第四节 "非升即走"制度分析 // 147
第五节 结论与政策建议 // 148

第八章　经济增长对财政性高等教育投入的激励 // 151
　　第一节　引言 // 152
　　第二节　文献综述 // 153
　　第三节　人力资本流动视角下经济增长与地方政府高等
　　　　　　教育投入 // 156
　　第四节　实证研究 // 158
　　第五节　结论与政策建议 // 169

后记 // 173

从确定性的增长效应到"教育的困惑"

——一个关于教育与经济增长的文献综述

人力资本理论肯定了教育是经济增长的动力之一,早期经验研究大多支持教育对经济增长的显著贡献,然而这一结论近几十年来逐渐受到质疑,教育与经济增长的非线性关系得到关注,丰富了教育经济学领域的研究成果。本章首先对教育与经济增长的关系进行了综述,回顾了教育与经济增长的基准理论分析模型及其演变,其次梳理了经验研究中不尽相同的结论,从教育错配、人力资本构成等角度讨论了教育之经济增长效应的制约因素,在此基础上探讨了未来可能拓展的研究方向,最后提出增长质量导向下的教育政策建议,旨在为教育经济领域的相关研究和教育政策的制定提供借鉴。

第一节 引　言

教育,最早出自孟子的"得天下英才而教育之",从狭义上来说专指学校教育,而广义的解释为影响人身心发展的社会活动。人是受教育的主体,通过接受教育获得知识、技能和其他认知能力,经济学定义为人力资本。经济增长是人类文明进步的体现和推动力,离不开人力资本的积累,教育通过影响人力资本影响生产、消费等行为,从而间接地作用于经济增长。教育与经济增长的关系密切,教育也因此通常成为解释国别或地区经济增长差异的重要变量。

人力资本理论产生之后，研究者结合各国经济增长的实际，从不同角度对教育影响经济增长的机制、传导路径和约束条件等进行了深入研究，使得教育经济与经济增长关系的理论探讨不断丰富完善。从政策意义来看，研究教育与经济增长的关系对教育政策的制定、提升经济增长质量、保持经济增长的可持续性具有重要的理论意义，成为推动教育经济学研究的强激励。

人力资本是教育作用于经济增长的主要中介变量，也是研究教育与经济增长的主要出发点。然而，教育错配、人力资本内涵的拓展、人力资本流动的空间溢出效应、教育结构等会对教育的经济增长效应产生影响，并导致教育与经济增长呈现出非线性相关，与人力资本理论的经典研究结论可能不一致。本章主要针对教育的经济增长效应进行文献综述，具体内容安排如下：第二部分介绍用于研究教育影响经济增长的基准模型及其演变，第三部分阐述近年来关于教育影响经济增长的经验实证及其争议，第四部分从教育错配、人力资本内涵拓展、产业结构匹配和人力资本空间溢出等角度讨论教育的经济增长效应，第五部分讨论了未来可能的研究方向，最后给出增长质量导向下教育发展的政策建议。

第二节 教育影响经济增长的基准模型及其演变

与自然科学的理论不同，社会科学理论一般是基于社会运行过程而产生。现代人力资本理论在20世纪60年代初期开始萌芽，随后的半个世纪获得了蓬勃发展，其产生的主要原因是为了解释二战后西方国家经济持续增长的动力源泉。在古典经济学中，经济增长主要是由土地、资本和劳动的投入决定，但是很多学者经过回归测算之后发现除了这些要素投入之外还有很大一部分经济增长无法被说明。为了解释这种现象，以西奥多·W. 舒尔茨（Theodore W. Schultz）、贝克尔（Gary S. Becker）为代表的西方经济学家创立了"人力资本理论"，该理论认为教育能够明显地提高劳动生产率，所形成的人力资本能如物质资本等生产要素一样，成为推动经济增长的动力。舒尔茨（Schultz，1961）对人力资本理论做了一个系统性论述，他用人力资本投资分析了传统经济学理论无法解释的经济增长，并认为教育投资能够提高劳动力质量和劳动生产率，从而增加国民收入，促进经济增长。他曾估算1929～1957年美国国民收入中有710亿美元的增长额来源于劳动生产率的提高，并且其中的36%～70%应归因于教育水平的提升，这在很大程度上证明了由教育形成的人力资本对经济增长的贡献。

人力资本理论虽然指出经济增长的剩余部分源于教育的推动作用，但并没有一个合适的指标来对这部分"剩余"进行测算。继人力资本理论之后，索洛（Solow，1956、1957）和斯旺（Swan，1956）等研究发现资本和劳动仅仅解释了总产出变化的12.5%，对于不能用要素投入解释的那部分产出增长，他们提出了"全要素生产率"的概念，并将之定义为"索洛残差"。但是，当时的索洛模型还没有完全解释促进全要素生产率提高的具体动力是什么，也没有考虑到人力资本变量和教育的作用。直到肯德里克（Kendrick，1976）重新定义了全要素增长率，并将其构成之一技术进步的来源解释为人力资本、结构和制度相互作用形成的一个综合因子。他认为全要素生产率的增长涉及教育、企业研发和职业培训等经济活动。经济现实表明，富国居民通常比穷国居民具有更高的平均受教育水平，人力资本水平更高，意味着拥有高人力资本的国家比那些人力资本少的国家产出率高，倒逼关于经济增长的研究应关注教育和人力资本。

人力资本理论的创立与发展不仅促使了教育经济学的诞生，而且对经济增长的"剩余部分"作出了应有的解释。而新古典增长理论对经济增长源泉作了更为精准的预测，但是它关于长期经济增长依赖于外生技术进步的结论成为其理论缺陷之一。为对经济增长过程进行更准确的描述，罗默（Romer，1990）提出了一个包含资本、劳动、人力资本和技术水平的四要素模型，进一步揭示了人力资本与知识溢出效应对经济增长产生促进作用，通过四要素模型计算得到均衡增长率：

$$g = \delta H - \frac{\alpha r}{(\alpha + \beta)(1 - \alpha - \beta)}, \quad \alpha + \beta < 1$$

其中，δ表示研究与开发部门生产效率的参数，α，β分别表示人力资本和劳动所占份额，r表示贴现率，H表示人力资本存量。由此可见，经济增长率g与人力资本H正相关。

内生增长模型仍然将人力资本积累视为教育作用于经济增长的中介变量，鼓励将更多的社会资源投入于教育。教育可以提高知识积累存量，加速知识积累速率，由于知识的边际产出递增，可以提高整个行业的边际产出率，进而促进产出增加，推动经济持续增长。与已有理论的区别在于，知识边际产出的递增性保证了经济的持续增长不再需要依赖于较难解释的外生技术进步。相比之前的增长模型，内生增长模型对经济增长过程的预测更具解释力，是对传统增长模型的完善和补充。

从早期人力资本理论到以卢卡斯（Lucas，1988）、罗默（Romer，1990）等创立的内生增长理论，教育作用于经济增长的研究主要关注于人力资本路径，然而也有研究认为，除了人力资本之外，教育还可以通过其他方式作用于经济增长。例如，消费是教育影响经济增长的另一途径。从某些属性来看，教育可被视为对生产能力和消费能力的一种投资，教育投入也可以看作一种消费，可以通过刺激消费拉动经济增长（Kindleberger，1986）。里卡多和特里森（Riccardo & Tryphon，2004）、伊曼纽和乔瓦尼（Emanuele & Giovani，2010）等通过实证研究发现政府教育支出会对居民消费产生较大挤入效应，影响消费水平，从而影响经济增长率。但是，也有研究认为虽然政府增加教育投入能够拉动经济增长，但私人教育投入的增加有可能不利于消费增长。聪（Satoshi，2017）基于日本居民消费数据的研究发现，居民很难平滑一生的消费，当他们增加对于教育的投资时，可支配收入的减少使得他们原本的消费支出减少，用于增加储蓄以备将来所需，居民消费被挤出使得其经济增长效应下降。

第三节 经验实证及其争议

除了从理论上分析教育影响经济增长之外,研究者还希望更确切地知道教育对经济增长的实际贡献有多大。随着数学在经济学中的应用以及计量经济学方法的完善,越来越多的研究对教育与经济增长之间的关系进行定量分析,以相对精确的数值呈现教育对经济增长的贡献,但是研究结论存在争议。

大多数文献证实了教育对经济增长起到了不可或缺的作用。这种促进作用主要体现为发展教育是落后国家(地区)赶超发达国家(地区)的重要途径,因为教育决定人力资本存量的累积速度和质量,在发展中国家助力经济增长的作用得到了验证。弗莱舍等(Fleisher et al., 2010)研究了中国省域经济和全要素生产率增长速度的分异性,结果发现受过教育的劳动力具有更高的边际产出,其人力资本可以直接贡献于产出,促进经济增长并且缩小地区差距。穆罕默德·阿夫扎(Muhammad Afzal, 2013)利用1971~1972年和2010~2011年的时间序列数据,运用ARDL和Toda Yamamoto方法对巴基斯坦的教育、卫生、食品通货膨胀和经济增长之间的因果关系进行检验,研究结果表明通过教育发展技能是提高劳动生产率的主要方式。摩立克(Mallick, 2015)研究了印度在1951~2012年政府教育支出与经济增长的关系,并运用双变量VAR模型证实教育与经济增长之间存在单向因果关系,建议政府扩大教育支出,以保持经济的稳定持续增长。在这些研究发展中国家教育与经济增长的文献中,教育被视为促进经济增长最高效的途径之一,不仅发展了劳动者的技能,提高了人力资本质量,而且提高了社会生产力,使得经济社会发展从中受益。

在长期的研究和探索中,研究者们致力于从理论和经验两个层面来讨论教育、人力资本与经济增长之间的互动机制和效果。从理论上来说,新古典增长理论的索洛(Solow, 1956)和内生增长理论的卢卡斯(Lucas, 1988)、阿扎里亚迪斯和德拉任(Azariadis & Drazen, 1990)

5

都认为教育可以通过提高人力资本存量促进经济增长。但是，实证研究结果就不那么一致，教育对经济增长的影响与一系列协同性因素密切相关，比如宏观经济政策、教育分布与结构、教育质量、政府在不同层级教育投入的偏好、劳动力市场发育、教育补贴在不同收入、性别、民族群体之间的分配等。

如果一国教育资源配置不当，由教育形成的人力资本反而可能会带来不良影响，比如社会不平等、寻租行为等，通过教育形成的人力资本则无法准确地用来解释增长率的国别或地区差异（Benhabib & Spiegel，1994）、伊斯拉姆（Islam，1995）。兰道等（Landau et al.，1997）研究政府用于教育与健康投资的支出对人力资本形成与经济增长的影响，将人口数量超过 200 万的发展中国家作为研究样本，研究结果发现教育对经济增长的贡献并不如其他研究结果那么显著。普睿驰（Pritchett，2001）通过实证研究发现教育所形成的人力资本存量对经济增长的促进作用并不显著，甚至存在负效应，阻碍经济增长。布兰克诺和辛普森（Blankenau & Simpson，2004）将宏观经济学的挤出效应纳入研究中，认为通过税收来促进教育发展，会部分挤出教育对经济增长的贡献，使得教育对经济增长的作用很小甚至消失。不仅如此，教育在发展过程中所形成的人力资本可能会通过一些路径抑制经济增长甚至引起经济衰退，如扩大贫富差距、提高失业率与通货膨胀率等（Murphy & Topel，2016；Mestieri，2017）。

还有学者认为，同一层级教育在具有不同教育发展水平的国家产生的经济增长效应会有所差异。金姆尔（Gemmell，1996）、帕特克斯（Petrakis，2002）等分析了发达国家和发展中国家的跨国样本数据，研究发现发达国家高等教育对经济增长的促进作用明显高于发展中国家，产生这种差异的原因不是源于教育支出本身的差异，而是源于教育支出在不同发展水平的国家产生的实际效果差异。正如著名"克鲁格和林达尔（Krueger - Lindahl）之谜"（Krueger & Lindahl，2001）所提到的，随着时间的推移，各国之间的教育回报率大有不同，只有对于教育水平十分低下的国家而言，教育发展才会对经济增长产生较为显著的促进作用。换言之，在教育水平较为发达的国家，教育对经济增长的促进作用可能会降低。

为了解释教育影响经济增长的争议，相关研究开始同时考虑技术进步和教育政策的外溢效应，分析教育对经济增长的影响。其中，比较受关注的是范登布舍等（Vandenbussche et al.，2006）的研究，在一定程度上给出了对"Krueger - Lindahl 之谜"一个相对合理的解释，并提出了教育与人力资本异质性的概念。他们试图通过构建一个创新型的内生增长模型，在该模型中假定不同人力资本水平对于创新和模仿的影响是不同的，基础教育培养模仿型劳动力，而高等教育培养创新型劳动力。因此，在人力资本水平较高的国家，发展高等教育有利于促进经济增长，而对于相对落后的发展中国家来说，基础教育则比高等教育在提高生产力方面作用更加显著。

在范登布舍等（Vandenbussche et al.，2006）的启发之下，研究者开始以创新型人力资本模型为框架研究教育、人力资本与经济增长之间的关系。贝克尔等（Becker et al.，2011）通过"历史性实验"分析了 19 世纪普鲁士各县教育在工业革命中的经济增长数据，结果发现良好的基础教育对于试图发展新兴工业部门的经济体来说很重要，培养学习能力比死记硬背式的课程更有利于经济增长。佩雷拉和奥宾（Pereira & Aubyn，2009）分析了葡萄牙各层级教育支出对经济增长的影响，结果发现教育的确能够对经济增长产生促进作用，但是只有当一个国家离技术领导地位越来越近时，也就是接近于发达国家的水平，高等教育才会对经济增长产生较为显著的影响。

第四节　教育之经济增长效应的制约因素

在关于教育对经济增长贡献的经验研究中，早期大多数研究都肯定了教育对经济增长的促进作用，但是相反的研究结果随研究深入逐渐显现。当已有研究关注教育通过影响人力资本等途径作用于经济增长时，可能会忽略某些约束条件对教育之经济增长效应的影响，这些条件会使教育与经济增长的关系呈现出非线性特征，成为教育经济学研究不可轻视的问题。下文将从教育错配、人力资本内涵的拓展、人力资本流动产生的溢出效应以及教育结构与产业结构的匹配等角度综述它们对教育之经济增长效应的影响。

一、教育错配

1969～1974年,美国青年劳动者高等教育红利从40%迅速锐减至16%,弗里曼(Freeman,1976)根据对此数据的研究提出了过度教育(Overeducation)的概念,但当时遭到了反驳之声。直到邓肯和霍夫曼(Duncan & Hoffman,1981)在其所著的《过度教育的美国人》中对教育错配的问题进行了系统性的阐述,过度教育问题才逐渐引起学术界的重视。他们把个人所受教育年限和工作所需教育年限区别开来,然后根据二者的差异提出了衡量教育与工作匹配的三种水平,即过度教育、教育不足和教育适配。实际上,教育与工作的匹配不仅会影响劳动者个人收入,对社会总体经济增长也具有显著影响,特别是在高等教育快速发展的国家,如果劳动力市场供过于求,接受过高等教育的劳动者在职场中的优势可能下降。学术界出现了一系列关于教育错配与经济增长的实证研究(Leuven & Oosterbeek,2011)。

基于劳动者视角的微观研究文献表明,过度教育可能会导致人力资本的闲置与浪费,不仅会通过降低劳动者的工作效率对其收入水平产生不利影响,而且也会造成教育资源的浪费和配置效率的低下,在某种程度上阻碍经济增长。一般来说,微观视角的实证研究主要选择劳动者收入作为因变量,间接考察教育错配对经济增长的影响。曾和列文(Tsang & Levin,1985)、贝尔菲尔德(Belfield,2010)等研究发现接受过度教育的劳动者往往表现出不良的工作行为(如消极怠工、离职等),心理健康状况也会处于一个较低的水平。从这一角度来看,过度教育通过影响劳动者对工作的满意程度负向影响生产率,意味着过度教育与经济增长可能存在负相关关系。为了进一步研究两者的关系,哈托格(Hartog,2000)运用了文献资料法和统计分析法,对比了来自五个国家的经验研究,认为大部分研究都是基于明瑟方程来研究教育错配的个人收入效应,并用三个理论模型(搜寻、人力资本和分配）加以说明，结果发现虽然接受过度教育劳动者的收益率为正，收入比同岗位的教育适配者高，但低于相同教育程度但与其工作岗位匹配的劳动者的收入。理查德和纳奥米（Richard & Naomi, 1989）发现如果控制受教育程度，将过度教育作为虚拟变量引入明瑟方程，可以发现过度教育的系数为负，也就是说，当二者的教育水平相同时，过度教育者的收入将低于教育适配者。

随着教育的快速扩张，每年都有大量各层级学校的毕业生进入劳动力市场，可预知严重的教育错配对劳动者个人和整个社会造成的损失将是巨大的。基于教育错配的现实情况，很多学者开始研究过度教育带来的工资惩罚效应。麦吉尼斯（Mcguinness, 2006）、勒文和奥斯特贝克等（Leuven & Oosterbeek, 2011）通过对美国、英国等国家的经验数据证实了过度教育对工资产生的惩罚效应，即过度教育会降低劳动者工作效率和积极性，降低劳动者的工资收入和教育回报率，从而抑制经济发展水平的持续提升。吴等（Wu et al., 2018）利用世界银行在中国进行的调查数据研究发现，相比教育适配的劳动者，过度教育者的工资惩罚效应为18.5%，很多毕业生感觉到工作并不符合他们的期望。据此，可以推测过度教育会对劳动生产率和经济增长产生巨大的负面效应。

除了过度教育之外，教育不足是教育与工作匹配问题的另一个方面，意指一个社会或者个人所拥有的教育水平没有达到工作所要求的教育水平。与过度教育有所不同，教育不足对劳动者个人的收入可能存在一定的工资溢价影响（Mcguinness, 2006; Leuven & Oosterbeek, 2011）。邓肯和霍夫曼（Duncan & Hoffman, 1981）在明瑟方程中采用受教育年限作为虚拟变量，将所受的教育水平分解为工作所需教育年限、过度教育年限和教育不足年限，并估算不同教育水平的工资回报率。基于美国在1976年进行的PSID调查中的数据，计算得出三种情况下的教育回报率分别为6.3%，2.9%和−4.2%，这与理查德和纳奥米（Richard & Naomi, 1989）的估计结果具有很强的一致性，即教育不足的劳动者将比同岗位适度教育者少挣4.2%的工资，但与相同教育水平且与工作匹配者相比多挣近2%的工资，这就是所谓的工资溢价效应。哈托格（Hartog，2000）则估算出过度教育者的教育回报率约为教育适配者的1/2～2/3，教育不足所带来的工资惩罚效应由于溢价效应的部分抵消，要比过度教育小一些。

总体而言，已有文献关于教育错配对经济增长的影响得出了大致相同的结论：教育错配会带来社会成本的增加，低效率的教育资源配置方式可能影响经济增长的可持续性。

二、人力资本内涵的拓展

（一）非认知能力人力资本

传统人力资本理论主要将人力资本的定义为劳动者拥有的知识、技术以及其他能带来相应收益的能力，可以通过正规教育或在职培训获得。基于瓦尔拉斯模型的经典假设（经济均衡和完全合同），很自然地把上述能力理解为"认知能力"，这一定义虽然明确了何为人力资本，但也使得人力资本理论的解释力受到了一定的限制。为提高人力资本理论的解释力，后续研究逐步将人力资本模型中的能力由"认知能力"拓展到"非认知能力"，并且相关研究发现非认知能力在劳动力市场中带来的教育回报收益率高达80%，相反认知能力（如阅读、计数等）与回报率的关联性却很弱（Bowels et al.，2001），非认知能力人力资本越来越受到关注。

非认知能力的培养和提升会受到投资时间、学习环境以及教育模式等因素的影响。一般认为，认知能力在儿童十岁左右就会稳定在一个固定值，而非认知能力形成"敏感期"在儿童早期和晚期都显得十分重要（Cunha & Heckman，2010）。科梅利（Cormely，2011）考察了俄克拉荷马州的塔尔萨早期儿童教育计划对于儿童社会情感的影响，并使用倾向得分匹配的固定效应回归分析方法进行注意力测量，结果发现参与学前教育的儿童表现出更低的胆怯和更高的注意力。也就是说，可以尝试通过教育干预的方式来培养非认知能力，进而影响个人的人力资本水平。杜拉克等（Durlak et al.，2011）研究了213个基于学校普及性和学生社会情感能力的教育干预实验（SEL计划），结果发现与对照组相比，早期教育对于发展社交和情感技能、学习态度和学习成绩均会产生较大的影响。因此，学校通过教学干预的方式来培养学生的非认知能力大有可为。萨蒙斯（Sammons，2014）基于英国儿童的研究数据，发现高质量的学前教育比低质量的学前教育对于儿童非认知能力形成产生了更加显著的影响，并且这些影响在他们的成长过程中会持续存在。

在非认知能力对个人成长与发展的作用不断凸显的背景下，非认知能力人力资本对于教育与经济增长之间的联系产生了深远影响，库尼亚等（Cunha et al.，2006）认为家庭、学校和高质量教育环境能够影响儿童的非认知能力，从而影响他们未来的教育回报和经济成就，这也解释了家庭收入与学校教育和收入之间存在的强关联性（Shavit & Blossfeld，1993）。为了进一步研究非认知能力的收入效应，迪和韦斯特（Dee & West，2011）通过两个补充研究发现小班化教育能够更好地提升学生的非认知技能，对学生将来的经济成功和教育回报产生了至关重要的作用。赫克曼和鲁宾斯坦（Heckman & Rubinstein，2001）曾进行过一项关于美国普通教育发展证书（The General Educational Development，GED考试）的研究，结果发现虽然持有GED证书的劳动者收入水平略高于高中辍学者，但却比相似认知能力的高中毕业生低10%左右，一个重要的解释是GED证书持有者的非认知能力（如自控能力、毅力等）相对较弱。显而易见，学校教育并不仅要帮助学生形成阅读、写作等认知能力，更重要的是对学生非认知能力的培养需要起到关键作用，教师质量、教学方式和教学政策等均会影响学生社会情感等非认知能力的养成（Jennings & Diprete，2010）。GED证书持有者传达出一种能力混合的信号，如果缺乏良好的教育环境，学习有可能使学生获取非认知能力变得更加困难，从而影响了他们在职场中的表现。从某种意义上来讲，有针对性地完善班级规模、考核措施、学校环境等方面的教育制度和政策，有利于更好地培养学生的非认知能力人力资本，提升受教育者的职场表现和工资收入。

教育在培养非认知能力时，学习环境、教育投资时机、教育模式等方面的差异对学生形成的非认知能力水平产生不同的影响，最终形成综合的人力资本也会有较大差异,从而导致在不同教育环境和教育政策下,教育对经济增长的作用差异较大。

(二) 健康人力资本

人力资本除了包括劳动者的知识、技能以及其他能力之外,还包括劳动者的健康(Becker, 1964),健康作为一种类型的人力资本同样影响经济增长(Schultz, 1961; Mushkin, 1962)。世界银行1993年在《世界发展报告》中提道:"良好的健康状况可以提高个人的劳动生产率,提高各国的经济增长率"。对于个人来说,健康是进行经济社会活动的基础,良好的健康状况和合理的健康投资在微观层面影响个人收入,在宏观层面影响经济社会发展。

根据近年来学者对教育、健康与经济增长关系的研究,教育可以通过影响劳动者的健康水平影响经济增长。健康作为人力资本的构成因素之一,受到教育的影响得到了大多数学者的肯定。正如理查兹和巴里(Richards & Barry, 1998)所预料的,在控制其他因素的情况下,美国一名25岁的大学毕业生比一名同年龄的高中毕业生至少多活八年。在竞争激烈的劳动力市场上,更高的教育水平意味着更有可能获得更好的工作和更可观的收入,从而有能力增加对健康的投资(Willis, 1986; Moen, 1999),高收入者可以投入更多的经济资源为自己购买医疗保险等社会保障服务,更好地保障了他们的身心健康(Ettner, 1996)。对病人而言,接受更好的教育能帮助他们理解医院所给出的治疗方案,也能知道如何更好地配合治疗,达到最佳效果,从而改善健康和延长寿命(Goldman & Smith, 2002)。库特和雷拉斯(Culter & Lleras, 2009)认为日常生活中,个人健康行为会受到教育水平的影响,接受过更多教育的人往往对健康的生活习惯有着更深入地理解,他们会倾向于选择更健康的生活方式,避免吸烟、酗酒、熬夜等,并且积极锻炼身体,形成良性循环。

也有研究认为健康不仅仅是一种人力资本,也可以是一种消费需求(Grossman, 1972),健康水平的提高并不一定能够增加产出。至少从长期来讲,健康人力资本的增加虽然能够提高个人效用,但未必能成为长期经济增长的动力，甚至当投资量超过一定水平时，还会反向影响经济增长（Van Zon & Muysken, 2001）。为了进一步解释健康人力资本的复杂作用，埃米耶等（Hemmi et al., 2007）研究了老年人退休后健康如何冲击融资决策和预防性储蓄动机，结果表明在低收入水平下，人们往往不会通过储蓄来应对以后的健康风险，只有在较为富裕的情况下，才会为自己准备一笔储蓄金以应对健康风险，这种行为却使经济发展中出现多重平衡和贫困陷阱。托瑞（Torre, 2019）构建了一种简单的经济增长模型，在此模型中，物质资本和健康资本共同决定了长期经济增长。由于个人对健康行为的态度往往不可预测，可能会降低健康投资支出的回报率，如果减少健康投资支出，可能减少其对经济增长所产生的负面影响。

总之，教育对健康人力资本积累的作用在一定程度上能够促进经济增长，但其作用机制和影响效果非常复杂。

三、人力资本流动产生的溢出效应

人力资本与物质资本一样，具有典型的逐利性特征。在开放的人力资本市场中，由于区域间的发展水平差异以及收入不平等，人力资本会从收入低的地区流动到收入高的地区，从而产生"空间溢出效应"。人力资本的溢出效应容易导致地方教育支出与当地人力资本存量弱相关，从而导致关于教育与经济增长的经验研究结论变得更加复杂。

人力资本的溢出效应是指人力资本投资或人力资本存量增加存在的外部性，即投资收益不能全部被投资主体获得，外溢效应使得投资主体以外的经济组织或个人存在帕累托改进的可能（Lucas, 1988）。随着空间计量经济学的发展，很多学者开始利用该方法，通过实证检验来揭示教育、人力资本与经济增长之间的空间关联。洛佩兹—巴佐和芬格尔顿（López - Bazo & Fingleton, 2006）等以欧洲国家的数据为样本，并基于曼昆等（Mankiw et al., 1992）引入的人力资本变量的生产函数模型，提供了揭示区域间教育人力资本溢出的存在以及测量其强度大小的方法。研究结果发现，教育人力资本不仅对某一特定区域的经济增长产生影响，而且其溢出效应会作用于邻近地区的经济增长。

教育人力资本的扩散使得周边国家至少是该国相邻地区的技术水平得到提升，进而促进生产率提高和经济发展。因此，对于教育部门来说，掌握好教育人力资本的溢出方向，可以充分发挥其带动经济增长的作用，促进就业和提高教育产出。例如，在大学聚集区，教育人力资本高度集中，知识存量相比于非大学区更高，在教育人力资本的外溢性作用下，具有溢出效应的知识存量将会显著地促进该地区和邻近地区的经济增长与技术进步（Eriksson & Forslund，2014）。王和倪（Wang & Ni，2015）通过对1987~2007年中国28个省份的数据进行空间分析，利用空间滞后模型，研究发现省级人力资本不但影响本省经济增长，且其影响将会进一步传递给周边地区，促进经济的持续增长。

由于人力资本存量和结构方面的差异，其溢出效应对于教育与经济增长的关系也存在不同的影响，在经济发展水平不同的地区会呈现出差异（Krusell et al.，2003）。费雪等（Fischer et al.，2009）将人力资本定义为教育所赋予劳动者的劳动技能，并用来研究教育对经济增长的作用，基于空间杜宾模型分析了1995~2004年欧洲22个国家198个地区的区域人力资本对生产率和经济增长的影响，结果发现相较于物质资本的空间溢出效应，教育人力资本的空间溢出对经济增长的推动作用并不显著。为了研究教育人力资本的空间溢出效应及其影响，陈美兰（2010）发现中国农村人力资本的稀缺程度远高于城市，却出现了农村人力资本向城市转移的反常现象，经过对农村和城市基础教育和社会福利等数据的对比，认为由于长期采取偏向城市的发展战略，城市变成了一个巨大的"磁场"，吸引着农村地区的教育人力资本往城市"内溢"，虽然促进了城市的经济增长，但却阻碍了农村地区生产力水平的提升。格莱泽和马修（Glaeser & Matthew，2010）也发现一些城市凭借其优越而完善的就业环境吸引了周边地区的熟练劳动力，拥有了较高的人力资本存量，但使得周边地区人力资本水平下降，经济增长受阻。

教育人力资本的空间溢出效应对经济增长能够起到一定的促进作用，但是由于人力资本流动会受到异质性空间要素和其他经济发展条件的影响，受过更高教育的劳动者会朝着人力资本回报率更高的区域或城市移动，从而造成区域或城乡的增长差异和贫富差距（Wheeler，2001），进而使得地方教育发展与当地经济增长的关系与基于严格假定的经典理论预测不符。

四、教育结构与产业结构的匹配

人力资本作为知识和能力的体现，是产业结构升级的重要基础，也是教育推动经济增长的主要路径。产业结构转型升级是指产业从劳动密集型向资本密集型转变，进而向知识和技术密集型转变（闵维方，2017），是经济结构优化的重要推动力。产业升级必然以人力资本为基础，教育可以改善劳动力的知识技能结构，为产业结构转型升级创造条件。然而，由教育发展决定的人力资本结构与产业结构的匹配程度是发挥教育之经济增长效应的重要制约因素。

教育结构完善是教育发展水平的重要体现，是指各层级教育之间的构成，如初等教育、中等教育和高等教育在整个教育体系中的占比，教育结构决定了不同等级人力资本的占比（Romer，1990）。对不同层级教育投资结构决定了教育结构的演变趋势，因此对不同层级教育投资的偏好一定程度上决定了教育对产业结构升级和经济增长影响的效果。正如王善迈（1996）指出，一国的教育投资结构应与其经济发展水平相适应，教育对经济增长的作用会因两者的匹配度不同而呈现差异。

金姆尔（Gemmell，1996）针对98个发达国家和欠发达国家的人力资本进行了评估，评估结果表明在欠发达国家由于其发展的产业和初级人力资本适配度更高，发展初级教育对于促进经济增长比发展其他层级教育更有效率，而在发达国家，则更需要大力发展高等教育来促进产业结构优化和技术创新，以便建立促进经济持续增长的产业结构。帕特克斯和斯塔马塔基斯（Petrakis & Stamatakis，2002）的研究则比较了经合组织（OECD）中较发达的经济体和欠发达经济体之间的教育贡献差异，研究结果也认为欠发达国家应更加重视基础教育。阿卜杜勒和穆罕默德（Abdul & Muhammad，2013）针对巴基斯坦1960~2010年教育与经济增长的关系进行研究，发现不同层级教育对经济增长的作用不同，对于巴基斯坦这类发展中国家来说，相比初等教育和高等教育,中等教育对经济增长的贡献更大。

从其他角度来看,教育投资在不同国家影响经济增长的差别也关乎教育结构与经济发展水平所对应的产业结构之间的适配度差异。比如,劳动工人接受的教育层次决定了他们所拥有的技术水平和技能熟练程度,当拥有较高人力资本的国家将技术转让给工人拥有较低人力资本水平的欠发达国家时,就出现了技术转让障碍,从而导致欠发达国家经济增长受阻,无法缩小与发达国家生产率的差异(Acemoglu & Zilibotti, 2001)。在欠发达国家中,人口的初始人力资本水平往往都较低,大力发展高等教育不具备基础,发展基础教育(初等、中等教育)更有可能改善总体效率,促进经济增长,若一味发展高等教育而忽略基础教育的作用,结果可能适得其反。只有当人口初始人力资本水平和产业结构都发展到中等程度以上时,高等教育的增长效应才能真正得到发挥(Su, 2004)。

总之,教育投资结构与产业结构的匹配程度决定教育在多大程度上促进经济增长,正如韩国在20世纪60年代将大部分公共教育资源配置到小学教育,很好地助力了经济成长。政府在制定教育投资计划时,应根据本国国情与经济发展水平来确定各层级教育投资比例,合理的教育投资结构需内生于经济发展水平,为要素密集度不同的经济部门输送适宜的劳动力人力资本,最大限度地发挥教育的正向经济增长效应。

第五节　未来可能的研究拓展

经济增长是人类社会发展的一个永恒主题,追求经济增长是逐步实现居民福利增长的主要途径之一。教育,自产生以来就与社会文明进步、经济发展有着不可分割的联系。人力资本理论产生之后,探讨包括教育与经济增长的关系逐渐成了经济学的一个重要分支,为不同发展程度的国家寻求最优经济增长路径提供了理论借鉴。各国也试图通过积极寻求教育政策的创新与改革,充分发挥教育对经济增长的促进作用。然而,随着研究者对教育与经济关系领域的不断探索,虽然认知了更多，但疑惑也随之而来，需要深入探讨的领域增加。

国内外文献对教育影响经济增长这一问题基于不同视角进行了实证研究，多数研究得出了教育促进经济增长的结论，而关于教育贡献于经济增长的国别差异、区域差异及其深层次原因的研究需要逐步深入和拓展，教育与增长弱相关或几乎无关的特殊案例未得到应有的关注。随着信息技术的发展、新教育模式的诞生，教育促进经济增长的机制变得越来越复杂，全方位研究教育影响经济增长的机制有助于政府制定教育发展政策时更好地规避投资陷阱，提高政策效率。

毋庸置疑，人力资本仍将是教育产生经济增长效应的主要途径。新理论拓展了人力资本的内涵，健康人力资本、非认知能力人力资本逐渐受到重视。现有研究更多关注教育对认知能力人力资本的影响，以及教育如何通过认知能力人力资本影响经济增长。在未来研究中，进一步剖析人力资本构成及教育对其形成的作用，对全面认识教育通过人力资本影响经济增长的路径和机制具有更为深刻的意义。

不同层级教育的经济增长效应差异显著。未来研究可进一步关注教育层级结构所形成的人力资本特征，关注教育结构与经济结构、产业结构的匹配，识别不同层级的教育影响经济增长的路径与实际效果，为制定对应的教育支持政策提供借鉴，增强整个教育体系促进经济增长的作用。

从现实情况来看，教育的经济增长效应与国家的经济环境、政治环境、制度环境与文化环境等密切相关。未来研究应充分关注这些外生性因素对教育作用机制的影响，加强对教育环境的关注，深入探讨经济增长导向下的教育结构、教育投入和教育制度安排，提高教育配置效率。

第六节　高质量经济增长导向下的教育政策探讨

不论现实当中教育与经济增长之间的关系表现如何，积极探求其内在逻辑，顺自然规律之演化，从社会法则之变迁，制定以经济发展阶段为基础的教育政策，才能有效地发挥教育促进经济增长的积极作用。中国已成为全球第二大经济体，经济增长已由速度导向转变为质量导向，以新的发展目标为指引，反思现行教育体系，对教育制度、教育模式、教育政策等进行改革和完善，加强对教育环境的关注，合理配置教育资源，对于教育全方位地促进经济增长、提升增长质量显得尤为重要，对制定相应的教育发展政策也具有重大意义。基于文献分析，给出如下政策建议：

（1）减少相对贫困、抑制返贫仍然是未来一段时期内我国巩固脱贫攻坚战略成果的重要目标。与其他扶贫政策相比，教育扶贫可以通过提高人力资本从根本上提高贫困人口的可持续生计能力，也可以通过改变当地的人力资本存量改善经济发展的条件和环境，产生可持续的减贫效果。对很多发展中国家来说，教育资源分配不均，人力资本向城市和发达地区集聚，区域经济增长不均衡，扩大了收入差距，脱贫地区存在返贫风险。因此，为使贫困地区彻底脱贫，提升经济增长质量，需要加强对贫困地区教育的投资力度，形成教育资源合理布局，扩大教育人力资本的溢出效应对经济增长的推动作用（方超和罗英姿，2016）。还有必要对贫困地区实施具有偏向性的教育发展政策，补贴贫困地区教育投资，促进当地人力资本的快速积累（Fleisher，2010）。实际上，对于一些仍处于贫困和刚摆脱贫困的地区而言，要缩小与其他地区之间的经济差距，应该优先推动基础教育的普及和发展，提高高中教育和职业教育的入学率，提升基础教育的发展质量。当然，也需要配套制定人才引进的补贴政策，增加欠发达地区对优秀人才的吸引力，减少人力资本流出产生的负向外溢效应，保证经济的可持续增长（Pelinescu，2015）。

（2）人口老龄化是我国未来几十年经济发展面临的约束之一，为减少老龄化导致的人力资本存量下降，提高人口的健康人力资本水平显得尤为重要。徐祖辉、谭远发（2014）认为应注重健康人力资本的投资效率，加快健康人力资本和其他形式人力资本的融合，形成合理的投入产出比例。其中，教育人力资本与健康人力资本的结合最为常见：一方面，受教育程度高的劳动者通常具有更高的收入，经济收入保障了受教育者更好的物质生活条件，有能力增加对健康的投资（Willis，1987；Moen，1999）；另一方面，良好的身体健康状况提高了他们工作和在职学习的效率，人力资本的累积速度加快（Ettner，1996）。教育人力资本和健康人力资本相互补充和相互促进的良好循环机制，可以有效应对人口老龄化可能造成的人力资本存量迅速下降的困局，促进经济稳定增长。

（3）已有研究证实了教育对经济增长的促进作用不仅取决于教育本身的质量与结构，而且取决于当时所处的经济发展水平和产业结构（黄燕萍等，2013）。特谢拉和奎罗斯（Teixeira & Queirós，2016）认为一国的教育人力资本水平必须与经济发展结构相适应，否则高人力资本与低经济发展水平的不匹配将会导致教育错配和资源浪费，反而不利于经济增长。我国已进入中等收入国家行列，为避免陷入"中等收入陷阱"，应积极促进产业结构转型升级，充分发挥教育的支撑作用。为最大化各层级教育促进经济增长的效果，应适时和适度调整各层级教育的投入结构，规范各阶段的教育年限（胡咏梅和唐一鹏，2014），在各层级教育之间合理分配教育经费，提高教育结构与产业结构的匹配度，夯实教育发展成果，提高教育投资效率，最大化教育对经济增长质量的促进作用。

（4）非认知能力包括做事严谨、坚持不懈、情绪稳定、性格外向等（王春超和张承莎，2019），已成为衡量人力资本质量的重要指标，其作用不仅体现在提高生活满意度、收入水平和消费水平等方面，而且在完善人力资本结构和促进经济增长方面也起着举足轻重的作用（Bowels et al.，2001；Heckman et al.，2006）。有心理学研究表明，对弱势群体儿童进行教育干预，除了传授阅读和数学等认知能力之外，重点培养他们的非认知能力，结果发现几十年后他们的 IQ 和控制组相差无几，经济回报远高于没有接受非认知能力干预的儿童（Heckman & Rubinstein，2001）。传统学校教育更加注重知识体系和专业技能的培养，教育改革的目标应通过完善教育制度，在培养认知能力的同时，更加关注非认知能力的培养。

参考文献

[1] （美）E. 多马. 经济增长理论 [M]. 北京：商务印书馆，1983.

[2] （美）加里·贝克尔. 人力资本 [M]. 北京：机械工业出版社，2016.

[3] （美）舒尔茨. 论人力资本投资 [M]. 北京：北京经济学院出版社，1990.

[4] （美）西奥多·W. 舒尔茨. 改造传统农业 [M]. 北京：商务印书馆，2017.

[5] （英）亚当·斯密. 国富论 [M]. 北京：中华工商联合出版社，2017.

[6] 陈美兰. 人力资本溢出效应、集聚与城乡差距 [J]. 工业技术经济，2010，29（2）：33-36.

[7] 方超，罗英姿. 教育人力资本及其溢出效应对中国经济增长的影响研究——基于 Lucas 模型的空间计量分析 [J]. 教育与经济，2016（4）：21-29.

[8] 胡咏梅，唐一鹏."后4%时代"的教育经费应该投向何处？——基于跨国数据的实证研究 [J]. 北京师范大学学报（社会科学版），2014（5）：13-24.

[9] 黄燕萍，刘榆，吴一群，李文溥. 中国地区经济增长差异：基于分级教育的效应 [J]. 经济研究，2013，48（4）：94-105.

[10] 闵维方. 教育促进经济增长的作用机制研究 [J]. 北京大学教育评论，2017，15（3）：123-136.

[11] 热若尔·罗兰. 发展经济学 [M]. 北京：中国人民大学出版社，2016.

[12] 世界银行. 1993年世界发展报告：投资于健康 [M]. 北京：中国财政经济出版社，1993.

[13] 王春超，张承莎. 非认知能力与工资性收入 [J]. 世界经济，2019，42（3）：143-167.

[14] 王善迈. 教育投入与产出研究 [M]. 石家庄：河北教育出版

社, 1996.

［15］徐祖辉, 谭远发. 健康人力资本、教育人力资本与经济增长［J］. 贵州财经大学学报, 2014 (6): 21 – 28.

［16］Abdul, J. & M. Idrees (2013), "Modeling the impact of education on the economic growth: Evidence from aggregated and disaggregated time series data of Pakistan"［J］. *Economic Modelling*, 31 (MAR): 383 – 388.

［17］Acemoglu, D. & F. Zilibotti (2001), "Productivity differences"［J］. *Quarterly Journal of Economics*, 116 (2): 563 – 606.

［18］Afzal, M. et al. (2013) "Education, health, food inflation and economic growth in pakistan."［J］. *Pakistan Economic and Social Review*, 51 (2): 109 – 138.

［19］Arrow, K. J. (1962), "The economic implications of learning by doing"［J］. *The Review of Economic Studies*, 29 (3): 155 – 173.

［20］Azariadis, C. & A. Drazen (1990), "Threshold externalities in economic development"［J］. *The Quarterly Journal of Economics*, 105 (2): 501 – 526.

［21］Baldacci, E. et al. (2010), "Public expenditures on social programs and household consumption in China"［J］. *IMF Working Papers*, 10 (69): 1 – 28.

［22］Becker, S. et al. (2011), "Education and Catch-up in the Industrial Revolution"［J］. *American Economic Journal: Macroeconomics, American Economic Association*, 3 (3): 92 – 126.

［23］Becker, G. (1964), Human capital, Columbia University Press.

［24］Belfield, C. (2009), "Over-education: What influence does the workplace have?"［J］. *Economics of Education Review*, 29 (2): 236 – 245.

［25］Benhabib, J. & M. M. Spiegel (1994), "The role of human capital in economic development evidence from aggregate cross-country data"［J］. *Journal of Monetary Economics*, 34 (2): 143 – 173.

［26］Blankenau, W. F. & N. B. Simpson (2004), "Public education expenditures and growth"［J］. *Journal of Development Economics*, 73 (2):

583 – 605.

[27] Bowles, S. et al. (2001), "The determinants of earnings: a behavioral approach" [J]. *Journal of Economic Literature*, 39 (4): 1137 – 1176.

[28] Cunha, F. et al. (2010), "Estimating the technology of cognitive and noncognitive skill formation" [J]. *Journal of The Econometric Society*, 78 (3): 883 – 931.

[29] Cunha, F. et al. (2006), "Interpreting the evidence on life cycle skill formation" [J]. *Hand book of the Economics of Education*, 1: 697 – 812.

[30] Cutler, D. M. & A. Lleras – Muney (2009), "Understanding differences in health behaviors by education" [J]. *Journal of Health Economics*, 29 (1): 1 – 28.

[31] Dee, T. S. & M. R. West (2011), "The non-cognitive returns to class size" [J]. *Educational Evaluation and Policy Analysis*, 33 (1): 23 – 46.

[32] Denison, E. F. (1962), The sources of economic growth in the United States and the alternatives before us, Committee for Economic Development.

[33] Duncan, G. J. & S. D. Hoffman (1981), "The incidence and wage effects of overeducation" [J]. *Economics of Education Review*, 1 (1): 75 – 86.

[34] Durlak, J. A. et al. (2011), "The Impact of Enhancing Students' Social and Emotional Learning: A Meta – Analysis of School – Based Universal Interventions" [J]. *Child Development*, 82 (1): 405 – 432.

[35] Eriksson, R. H. & F. Forslund (2014), "How do universities contribute to employment growth? The role of human capital and knowledge bases" [J]. *European Planning Studies*, 22 (12): 2584 – 2604.

[36] Ettner, S. L. (1996), "New evidence on the relationship between income and health" [J]. *Journal of Health Economics*, 15 (1): 67 – 85.

[37] Fingleton, B. & E. López – Bazo (2006), "Empirical growth models with spatial effects" [J]. *Papers in Regional Science*, 85 (2): 177 – 198.

[38] Fischer, M. M. et al. (2009), "The impact of human capital on regional labor productivity in Europe" [J]. *Letters in Spatial and Resource Sciences*2 (2): 97–108.

[39] Fleisher B. et al. (2010)," Human capital, economic growth and regional inequality in China" [J]. *Journal of Development Economics*, 92 (2): 215–231.

[40] Gemmell, N. (1996), "Evaluating the impacts of human capital stocks and accumulation on economic growth" [J]. *Oxford Bulletin of Economics and Statistics*, 58 (1): 9–28.

[41] Glaeser, E. L. & G. R. Matthew (2010), "The complementarity between cities and skills *" [J]. *Journal of Regional Science*, 50 (1): 221–244.

[42] Goldman, D. P. & J. P. Smith (2002), " Can patient self-management help explain the SES health gradient?" [J]. *Proceedings of the National Academy of Sciences of the United States of America*, 99 (16): 10929–10934.

[43] Gormley, J. W. T. et al. (2011), "Social-emotional effects of early childhood education programs in tulsa." [J]. *Child Development*, 82 (6): 2095–2109.

[44] Grossman, M. (1972), "On the concept of health capital and the demand for health" [J]. *The Journal of Political Economy*, 80 (2): 223–255.

[45] Harrod, R. F. (1939)," An Essay in Dynamic Theory" [J]. *The Economic Journal*, 49 (193): 14–33.

[46] Hartog, J. (2000), "Over-education and earnings: where are we, where should we go?" [J]. *Economics of Education Review*, 19 (2): 131–147.

[47] Heckman, J. J. & Y. Rubinstein (2001), "The importance of noncognitive skills: lessons from the GED testing program" [J]. *The American Economic Review*, 91 (2): 145–149.

[48] Heckman, J. J. et al. (2006), "The Effects of Cognitive and Non-cognitive Abilities on Labor Market Outcomes and Social Behavior" [J]. *Journal of Labor Economics*, 24 (3): 411 – 482.

[49] Hemmi, N. et al. (2005), "The long-term care problem, precautionary saving, and economic growth" [J]. *Journal of Macroeconomics*, 29 (1): 60 – 74.

[50] Islam, N. (1995), "Growth empirics: a panel approach" [J]. *Quarterly Journal of Economics*, 110 (4): 1127 – 1170.

[51] Jennings, J. L. & T. A. DiPrete (2010), "Teacher effects on social and behavioral skills in early elementary school" [J]. *Sociology of Education*, 83 (2): 135 – 159.

[52] Jorgenson, D. W. et al., (2003), "Growth of US industries and investments in information technology and higher education" [J]. *Economic Systems Research*, 15 (3): 279 – 325.

[53] Kendrick, J. W. (1976), "The formation and stocks of total capital" [J]. *The Journal of Finance*, 33 (2).

[54] Khalifa, A. Y. (2008), "Education expenditure and economic growth: Some empirical evidence from the GCC countries" [J]. *The Journal of Developing Areas*, 42 (1): 69 – 80.

[55] Kindleberger C. R. (1986), "Development of economy" [J]. Journal of Economic Literature (4): 135 – 148.

[56] Krueger, A. B. & M. Lindahl (2001), "Education for growth: Why and for Whom?" [J]. *Journal of Economic Literature*, 39 (4): 1101 – 1136.

[57] Krusell, P. et al. (2000), "Capital-skill complementarity and inequality: a macroeconomic analysis" [J]. *Econometric Society*, 68 (5): 1029 – 1053.

[58] Landau & L. Daniel (1997), "Government expenditure, human capital creation and economic growth." [J]. *Journal of Public Budgeting Accounting and Financial Management*, 9 (3): 467 – 487.

[59] Leuven, E. & H. Oosterbeek (2011), "Overeducation and Mismatch in the Labor Market" [J]. *Handbook of the Economics of Education*, 1 (4): 283 – 326.

[60] López – Bazo, E. et al. (2004), "Regional externalities and growth: evidence from European regions *" [J]. *Journal of Regional ence*, 44 (1): 43 – 73.

[61] Lucas, R. E. et al. (1988), "On the mechanics of economic development" [J]. *Journal of Monetary Economics*, 22 (1): 3 – 42.

[62] Mallick, L. et al. (2015), "Does expenditure on education affect economic growth in India? evidence from cointegration and granger causality analysis." [J]. *Theoretical and Applied Economics*, 22 (4): 63 – 74.

[63] Mankiw, N. et al. (1992), "A contribution to the empirics of economic growth" [J]. *The Quarterly Journal of Economics*, 107 (2): 407 – 437.

[64] McGuinness S. (2006), "Overeducation in the labour market" [J]. *Journal of Economic Surveys*, 20 (3): 387 – 418.

[65] Mestieri, M. et al. (2017), "Human capital acquisition and occupational choice: Implications for economic development" [J]. *Review of Economic Dynamics*, 25 (4): 151 – 186.

[66] Moen, E. (1999), "Education, ranking, and competition for jobs" [J]. *Journal of Labor Economics*, 17 (4): 694 – 723.

[67] Muephy, K. M. & R. H. Topel (2016)," Human capital investment, inequality, and economic growth" [J]. *Journal of Labor Economics*, 34 (2): 99 – 127.

[68] Mushkin, S. J. (1962), "Health as an Investment" [J]. *Journal of Political Economy*, 70 (5): 129 – 157.

[69] Pelinescu, E. (2015), "The impact of human capital on economic growth" [J]. *Procedia Economics and Finance*, 22: 184 – 190.

[70] Pereira, J. & M. S. Aubyn (2009), "What level of education matters most for growth?: evidence from portugal" [J]. *Economics of Edu-*

cation Review, 28 (1): 67 -73.

[71] Petrakis P. E. & D. Stamatakis. (2002), " Growth and educational levels: a comparative analysis" [J]. *Economics of Education Review*, 21 (5): 513 -521.

[72] Pritchett, L. (2001), "Where has all the education gone?" [J]. *The World Bank Economic Review*, 15 (3), 367 -391.

[73] Riccardo, F. & K. Tryphon (2004), "Public goods, merit goods, and the relation between private and government consumption" [J]. *European Economic Review*, 48 (6): 1367 -1398.

[74] Richards, H. & R. Barry (1998), "U.S. life tables for 1990 by sex, race, and education" [J]. *Journal of Forensic Economics*, 11 (1): 9 -26.

[75] Romer, P. M. (1986), "Increasing returns and long-run growth" [J]. *The Journal of Political Economy*, 94 (5): 1002 -1037.

[76] Romer, P. M. (1990), " Endogenous technological change" [J]. *Journal of Political Economy*, 98 (5): 71 -102.

[77] Sammons, P. et al. (2014). "Influences on students' social-behavioural development at age 16 effective pre-school, primary & secondary education project (EPPSE)", Department for Education.

[78] Schultz, T. W. (1961), "Investment in human capital" [J]. *The American Economic Review*, 51 (1): 1 -17.

[79] Shavit, Y. & H. P. Blossfeld (1993), Persistent inequality: changing educational attainment in thirteen countries. Social inequality series, Westview Press.

[80] Shimizutani, S (2017)," College tuition payment and household consumption in Japan" [J]. *Review of Economics of the Household*, 15 (1): 265 -285.

[81] Solow, R. M. (1956)," A contribution to the theory of economic growth" [J]. *The Quarterly Journal of Economics*, 70 (1): 65 -94.

[82] Solow, R. M. (1957), "Technical change and the aggregate

production function" [J]. *The Review of Economics and Statistics*, 39 (3): 312 – 320.

[83] Su, X. (2004), "The allocation of public funds in a hierarchical educational system" [J]. *Journal of Economic Dynamics and Control*, 28 (12): 2485 – 2510.

[84] Swan, T. W. (1956), "Economic growth and capital accumulation" [J]. *Economic Record*, 32 (2): 334 – 361.

[85] Teixeira, A. A. C. & A. S. S. Queirós (2016), "Economic growth, human capital and structural change: a dynamic panel data analysis" [J]. *Research Policy*, 39 (2): 335 – 350.

[86] Freeman, R. E. (1976), The Overeducated American, Academic Press.

[87] Torre, D. L. et al. (2019), "A stochastic economic growth model with health capital and state-dependent probabilities" [J]. *Chaos, Solitons and Fractals*, 129 (1): 81 – 93.

[88] Tsang, M. C. & H. M. Levin (1985), "The economics of overeducation" [J]. *Economics of Education Review*, 4 (2): 93 – 104.

[89] Uzawa, H. (1965), "Optimal technical change in an aggregative model of economic growth" [J]. *Review of International Economics*, 6 (1): 18 – 31.

[90] van Zon, A. & J. Muysken (2001), "Health and endogenous growth" [J]. *Journal of Health Economics*, 20 (2): 169 – 185.

[91] Vandenbussche, J. et al. (2006), "Growth, distance to frontier and composition of human capital" [J]. *Journal of Economic Growth*, 11 (2): 97 – 127.

[92] Verdugo, R. & N. T. Verdugo (1989), "The impact of surplus schooling on earnings: Some additional findings" [J]. *Journal of Human Resources*, 24 (4): 629 – 643.

[93] Wang, Y. & C. Ni (2015), "The Role of the Composition of the Human Capital on the Economic Growth: With the Spatial Effect among

Provinces in China" [J]. *Modern Economy*, 6 (6): 770 – 781.

[94] Wheeler, C. H. (2001), "Search, sorting, and urban agglomeration" [J]. *Journal of Labor Economics*, 19 (4): 879 – 899.

[95] Willis, R. (1986), "Wage determinants: a survey and reinterpretation of human capital earnings functions", in Ashenfelter, O., and R. Layard (eds.), *Handbook of Labor Economics*, Volume I. Amsterdam: North – Holl and Publishing Company.

[96] Wu, N. & Q. Wang (2018), "Wage penalty of overeducation: new micro-evidence from China" [J]. China Economic Review 50 (C): 206 – 217.

第二章

教育投入的经济增长质量效应

我国教育财政投入早已进入"后4%时代",优化教育投入结构,提高其与产业结构的匹配度,是发挥教育促进经济增长质量提升的前提。本章在厘清教育投入结构、产业结构及其交互项影响增长质量的理论基础上,以表征增长质量的全要素生产率及其构成作为被解释变量进行经验实证研究。研究结果表明:(1)偏向高等教育的教育投入结构显著促进了增长质量,且对全要素生产率的构成因素之一技术效率产生了正向影响;(2)产业结构抑制了增长质量的提高,对全要素生产率的构成技术效率和技术进步均产生了显著的负向影响;(3)教育投入结构与产业结构的交互项对增长质量的影响不显著。因此,为发挥教育投入对经济增长质量的促进作用,应该继续优化教育投入结构,引导各层级教育内涵式发展,注重高技术、高技能及创新型人才的培养,满足产业结构转型升级对劳动力人力资本的需求。

第一节 引　言

改革开放40多年来,中国经济总量由1978年的3645亿元增长到2020年的1013567亿元,已成为全球第二大经济体。但与此同时,出现了产业结构演进缓慢、生态环境的恶化以及贫富差距持续扩大等问题,在经济发展取得巨大成就的背后,依旧隐藏着经济过快发展带来的种种不均衡(黄群慧,2018)。从解析经济增长的驱动因素来看,改革开放之后前几十年要素投入是拉动经济增长的主要因素，人力资本、技术进步、制度创新等影响增长质量的因素贡献有限（中国经济增长前沿课题组，2012；栾大鹏和欧阳日辉，2012）。

教育发展是影响经济增长速度与质量的重要因素，一方面可以通过提高人力资本水平、改善劳动效率促进经济增长，另一方面也可以通过提高研发水平促进技术进步和科技创新，甚至还可以通过与资本要素互补影响经济增长（杜育红和赵冉，2018）。然而，教育发展对经济增长的非线性影响应得到充分关注，教育与经济增长及增长质量的正向关系不是必然成立（Lopez & Thomas，1998），仅增加教育投入可能无法达到预期的增长效应。例如，区域教育投入结构与产业结构的不匹配可能会导致教育发展无法正向促进经济增长和增长质量；再如，教育发展战略若不考虑经济发展对劳动力人力资本的需求层级，只注重外延式扩张而忽略结构优化，可能制约教育的经济增长效应。

长期来看，要保持经济的可持续增长，兼顾子孙后代的福利，必然要求提高增长质量，减少资源消耗，确保经济、社会、生态环境、文化等方面协同发展。合意的经济增长不仅意味着产出的增加，更需要增长质量的提升。我国经济增长已逐步进入增速放缓、结构调整的"新常态"，为规避陷入"中等收入陷阱"的风险，近年来国家各项改革均以贯彻新发展理念、实现高质量增长作为主要目标。二十大报告明确指出，要坚持以推动高质量发展为主题，着力提高全要素生产率，推动经济实现质的有效提升和量的合理增长[①]。我国已开启社会主义现代化建设的新征程，在面临百年之未有大变局的复杂发展环境面前，高质量增长面临多重约束，要突破传统发展模式，就必须重新审视影响增长质量的因素。

中国是一个教育大国，有着尊师重道、传道授业的优良历史传统，随着国家对教育发展的重视程度提升，教育在推动高质量增长过程中必将发挥重要作用。教育是知识和技能传播的主要方式，也是科技创新的主要动力源泉，能够不断地为国家培养高素质劳动力和高科技人

---

① 参见：https://www.12371.cn/2022/10/25/ARTI1666705047474465.shtml。

才,提高教育发展水平、优化教育投入结构可为实施科教兴国战略、人才强国战略、创新驱动发展战略提供有力支撑。在政府作为教育主要供给主体的国家,财政性教育投入是政府所承担的主要公共责任之一,一定程度上可以弥补私人部门作为教育供给主体产生的诸多弊端。从经济效应角度,财政性教育投入的效果还取决于教育资源在不同层级、不同区域的合理配置,尤其是与当地经济结构的协同性。

区别于已有文献,本章在追求高质量发展的政策背景下,从教育投入结构、产业结构及两者的交互效应角度,探究其对经济增长质量而非增长本身的影响,为制定教育强国、高质量发展的激励政策提供参考。本章余下部分结构安排为:第二部分回顾相关研究文献,第三部分为理论分析,第四部分为实证研究和稳健性检验,第五部分为结论与政策建议。

第二节 文 献 综 述

经济增长虽表现为产出的提高,但事实上蕴含着量与质的统一,忽略质量的增长最终可能收敛于增长稳态,量质齐升才是有效率的增长,追求增长质量意味着从追求"量"到追求"质"的转变。增长质量具有比增长速度更丰富的内涵,体现了增长理论研究的深度推进。20世纪70年代,科内尔(1971)较早开启了经济增长质量的研究,提出"和谐增长"概念,从"人文"和"物质"两个方面讨论增长质量的内涵,涉及消费、收入分配、教育、经济结构、生产技术和资源利用等12个方面。卡马耶夫(1977)将增长质量定义为"产品质量的提高、生产资料效率的提高、消费效果的增长"。托马斯等(2001)认为增长质量是增长的关键,包括机会的分配、环境的可持续性、全球性风险管理以及治理结构等。巴罗(2002)指出增长质量应包括受教育水平、预期寿命、健康状况、法律和秩序发展的程度、收入不平等。

自20世纪90年代中期开始,国内关于经济增长质量的研究逐渐增加(曹佑和张如兵,1994;郭克莎,1995),从增长的影响因素、过程和结果等方面界定增长质量，完善评价指标体系。增长集约化程度能够很好地度量经济增长质量，蔡跃洲和付一夫（2017）认为经济增长质量主要体现为全要素生产率，包括要素配置效率、技术效率等，但郑玉歆（2007）认为仅用全要素生产率评价增长质量具有片面性。任保平（2012）从要素生产率、经济增长率、产业结构、消费水平、自然资源的有效利用率、企业竞争力等角度评价增长质量。程虹和李丹丹（2014）从产品和服务的品质角度定义增长质量，满足社会需求能力越强的经济，增长质量越高，包括持续的增长、投入产出效率、经济结构优化、质量标准和社会福利水平等。朱方明和贺立龙（2014）认为增长质量是指一定时期内新增加的经济活动及其成果的质量，可从投入要素的质量、经济活动过程的质量、经济成果的质量和环境质量四个方面进行考查。叶初升和李慧（2014）基于阿马蒂亚·森的"可行能力"理论，认为增长质量的提升体现为由增长带来的"可行能力"的提高。

广义的增长质量概念实际上已大致揭示了其影响因素。在经济发展的早期，资本稀缺导致物质资本投入对经济增长的边际贡献较高，过度倚重于企业固定资产投资的增长容易导致不良资产、高能耗和环境污染（Kerry & Krutilla, 1984；Maddison, 2009），同时也将引发企业投资缩胀与经济增减波动的叠加效应，破坏增长的稳定性（Fisher, 2006；Justiniano et al., 2011）。郎丽华和周明生（2012）将改革开放之后30多年的经济增长描述为"高投入、高能耗、高物耗、高污染、低效率"，要素投入拉动的增长大幅降低了经济增长质量。郝颖等（2014）研究企业投资活动对地区经济增长质量的影响，发现企业投资活动对增长质量的影响与地区经济经济规模和发展水平、企业属性有关。

关于教育对增长质量的影响，张长征和李怀祖（2005）认为教育公平有助于促进社会与经济和谐发展，有助于提高增长质量。由教育促进的人力资本积累和技术创新的外溢作用可以有效促进增长质量提高（Schultz, 1961；Romer, 1990；刘海英等, 2004）。詹新宇和刘文彬（2019）通过构建双向固定效应模型，研究发现财政性教育投入对经济增长质量的影响显著为正。杨万平等（2020）基于 EBM 距离函数 DEA 模型，将非经向投入导向型方向性距离函数与 Luenberger 生产率指数相结合，研究发现教育投入对以绿色全要素生产率表征增长质量的影响呈现出中部高、东西部低的格局。纳尔逊和费尔普斯（Nelson & Phelps，1965）、本哈比和施皮格尔（Benhabib & Spiegel，1994）、张玉鹏和王茜（2011）等研究也得出了教育投入增加能够显著提升全要素生产率的结论。

然而，教育投入增加并不必然提高经济增长质量（金相郁和段浩，2007）。一个国家的教育发展状况以及人才结构同该国的产业结构密切相关，教育投入对经济增长的作用会因两者的匹配度不同而呈现出差异（王善迈，1996）。若教育投入结构失衡即政府对不同层次教育投入的比例失衡，过多地投入于高等教育或者基础教育，反而会破坏当地产业结构升级路径，不利于增长质量的提高（纪雯雯和赖德胜，2015）。当产业结构由劳动密集型转向资本密集型时，则教育投入结构应该偏向于培养具有更高知识水平的劳动力，促进结构转型升级（闵维方，2017）。高琳（2021）基于人力资本的视角研究发现由于我国人力资本水平较低，财政分化导致低技能劳动力流向劳动密集型产业，阻碍了非农部门人力资本水平的提升，最终抑制了经济增长质量。陈晋玲和张靖（2019）研究发现东部地区高等教育培养的劳动力人力资本促进产业结构升级的作用更大，而中西部地区中等教育比高等教育更为重要，意味着经济发达地区的产业结构需要教育投入偏向于高等教育，而经济欠发达地区则需要注重基础教育的发展。金姆尔（Gemmell，1996）利用跨国样本数据，研究发现发达国家高等教育对经济增长的促进作用明显高于发展中国家，源于教育支出结构与产业结构匹配度差异。帕特克斯和斯塔马塔基斯（Petrakis & Stamatakis，2002）等研究也得出了相似的结论，教育投入与产业结构的匹配度越高，对经济增长的促进效应越显著。

已有研究通常仅讨论教育投入、产业结构对增长质量的影响，关注二者交互效应对经济增长质量影响的研究相对较少。与既有文献相比，本章可能的创新之处在于更加关注教育投入结构而非教育投入总量的影响，从投入结构角度探讨教育的经济增长效应；将教育投入结构与产业结构纳入同一研究框架，将教育投入与经济增长的线性关系拓展为非线性关系，考虑两者的交互效应对增长质量的影响；以增长质量替代增长水平，在追求高质量增长的政策导向下，探讨教育投入与经济增长的关系。

第三节　教育投入对增长质量的影响机制

以新古典经济增长理论为代表的增长理论描述了增长的影响因素和增长路径，要素投入数量和使用效率是影响经济增长的直接因素，通过提高要素使用效率即全要素生产率促进经济增长可看作为增长质量的提升，狭义上可将全要素生产率理解为增长质量。实际上，全要素生产率提高能够影响广义增长质量的其他构成部分，比如生态环境、社会福利、收入分配等。本章理论分析和经验实证均以全要素生产率表征经济增长质量。

与影响增长水平相似，人力资本仍是教育影响增长质量的核心途径[①]。教育可以通过影响劳动力的人力资本水平，从而影响劳动力的边际产出即劳动生产率，意味着可以通过节约劳动要素投入，保证等量的产出水平。教育可以通过影响技术进步和溢出影响全要素生产率。内生增长理论的重要贡献在于将人力资本纳入增长理论框架，通过人力资本的知识溢出、干中学等效应解释经济的持续增长，而不用收敛于某个稳态，而教育是形成人力资本最主要的途径，是保证通过提高全要素生产率保持经济持续增长的重要源头。教育可通过创新技术和产品创新影响增长质量，尤其是具备科学研究和社会服务职能的高等教育，对一个国家科技创新产生直接的推动作用，实践也表明，大量科技创新成果来源于高等院校。其他类型的教育同样影响一个国家的

---

① 教育对经济增长的影响得到大量经验研究的支持，归纳不难发现，其中较多研究本质上关注的是对增长质量的影响。

创新渠道和环境，比如高技术高技能型人才的创新能力就与职业教育发展水平密切相关。实际上，教育影响经济增长质量的效应与一系列外生条件相关，如教育投入结构、教育制度、人才培养模式等，其中教育投入结构与产业结构的匹配程度是主要制约因素。

产业结构演进意味着包括劳动力在内的生产要素在不同产业间的重新配置，配置效率高低直接决定了产业的全要素生产率即增长质量。产业结构升级主要是通过重置生产要素、技术进步外溢以及多样化分工等方式影响经济增长质量（余泳泽等，2016），当且仅当生产要素从低效率产业流向高效率产业时，才能保证全要素生产率提高（邓创和付蓉，2017；殷红等，2020）。多样化分工和多部门协同的产业结构能最大限度地发挥整体生产率，提高规模效率，实现增长质量的全面提升。高新技术产业成长过程中，其技术外溢会使得生产率较低的产业获得正外部性，促进整体生产效率提高。但是产业结构演进与增长质量并不是严格的正相关（宋文月和任保平，2018；贾洪文等，2021），合乎经济规律的产业结构演进才能在更高均衡增长水平上促进增长质量。人力资本是影响产业结构演进方向和进程的核心因素。在非完全竞争的劳动力市场条件下，劳动力人力资本结构的调整通常具有一定的滞后性，导致无法匹配新型产业结构对具备更高劳动技能劳动力的需求，从而降低要素配置效率，提高产业调整成本。

不同层级和不同类型教育所形成的人力资本存在差异，由教育投入决定的教育类型结构和层级安排是决定劳动力人力资本结构的基础。在以公立教育为主的国家，如果政府对教育发展现状和产业结构调整的前景具有准确的预期，则可以通过教育政策偏向调控教育发展趋势，降低适应新型产业结构的人力资本调整成本。我国产业结构区域差异大，不同区域需要匹配不同的教育结构才能当然发挥教育对经济增长质量的促进作用，相对于东部地区，中西部地区产业结构水平演进滞后，基础教育发挥的作用可能更大。如果受制度、政府效率、政策执行等因素的影响，劳动力市场中充满着大量未受过任何职业技能培训的劳动者，无法解决产业发展对人力资本的需求，反而会扩大收入差距，教育发展战略因无法弥补劳动力或人力资本市场失灵而不能充分发挥对增长质量的正向促进作用。

第四节 教育投入结构、产业结构与经济增长质量现状评价

本节通过以数据分析为主、图表分析为辅的方式对我国教育投入结构、产业结构与经济增长质量的现状进行描述性分析,主要选取我国 2000~2017 年财政性教育经费及各级各类教育投入、产业结构、经济增长质量等相关数据,通过图表方式分析各变量的变动趋势。

一、教育投入结构现状

我国一直以来都实行以政府办学为主体、社会各界共同办学的教育体制,国家财政经费是我国教育经费投入的最主要来源,财政性教育经费是各级各类学校办学必不可少的基础。2012 年我国财政性教育经费达到 23147.57 亿元,占我国 GDP 的比重首次超过了 4%,这标志着我国教育投入进入了后"4%"时代,同时也意味着我国教育经费投入迈上了一个新的台阶。

图 2.1 表明了我国总体财政教育经费投入、GDP 以及占比情况变化。从变化趋势可以明显看出,我国的经济发展水平得到了巨大提升,教育经费投入也呈现出不断上升的趋势,教育经费占 GDP 的比重也不断上升。自 2012 年以后,一直保持在 4% 以上。我国的国内生产总值由 2000 年的 100280.10 亿元增长到 2017 年的 827121.70 亿元,增长了 8.25 倍。同一阶段,我国财政性教育经费由 2000 年的 2562.61 亿元增长到 2017 年的 34207.75 亿元,增长了 13.35 倍。由此可见,随着经济水平的不断提高,我国对教育经费投入的力度也越来越大。从图中的折线可以看出 2000 年以来我国财政性教育经费占 GDP 的比重也是呈现出持续上升趋势,2012 年首次突破 4% 之后,比例趋向于稳定,维持在 4%~5% 之间。

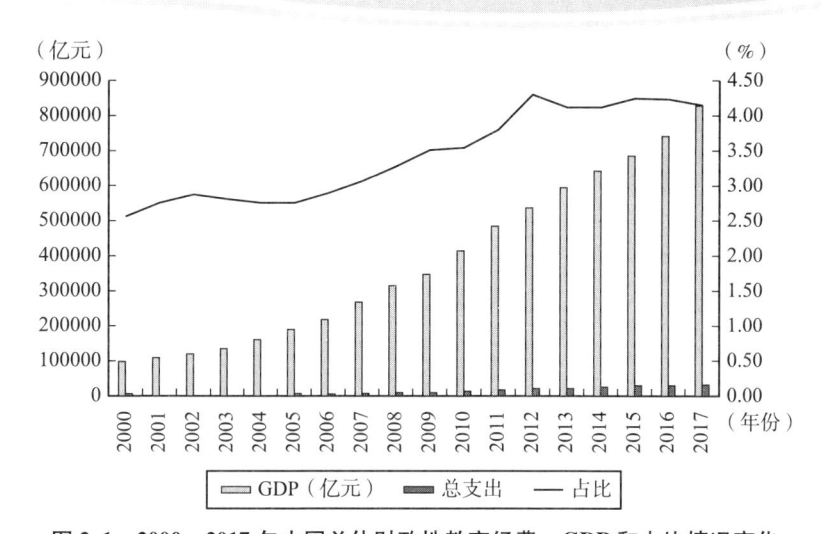

图 2.1　2000~2017 年中国总体财政性教育经费、GDP 和占比情况变化

资料来源：根据 2000~2019 年《中国教育经费统计年鉴》《中国统计年鉴》相关数据整理。

教育投入结构主要是指政府部门财政支出在各层级教育之间的分配比例，以基础教育、职业教育、高等教育与其他教育的经费需求为区分，形成的财政性资金的分配格局。基础教育主要是指小学和中学阶段，主要目的是帮助学生形成最基本的学科知识储备，学科内容主要特点是全面、广泛和基础性。职业教育主要包括中专、技校等职业学校教育，旨在让有一定学科基础知识的学生掌握技术技能，成为一名专业技术人才，主要特点是专一、精通和实用。高等教育主要是指高等学校阶段，目的是为社会培养具有专业学科素养的人才，学生形成较为扎实的基础知识功底，教育更多是为了让学生能够具备进一步向学科或社会前沿领域迈进的能力。

如图 2.2 和表 2.1 所示，我国自 2000 年以来各类各级教育经费投入及其结构变化情况。其中，基础教育投入由小学和中学的财政预算内教育事业费支出加总得到，职业教育由中等专业学校、技工学校和职业中学财政预算内教育事业费支出加总得到，高等教育指的是高等学校的财政预算内教育事业费支出。从图表中可以明显看出在投入经费绝对数方面，各级各类教育都呈现出快速上涨的趋势，这也表明我国逐年增加了对各级各类教育的投入力度。从教育投入结构的角度来看,我国的总体教育投入结构一直在30%的上下浮动①,总体较为稳定。

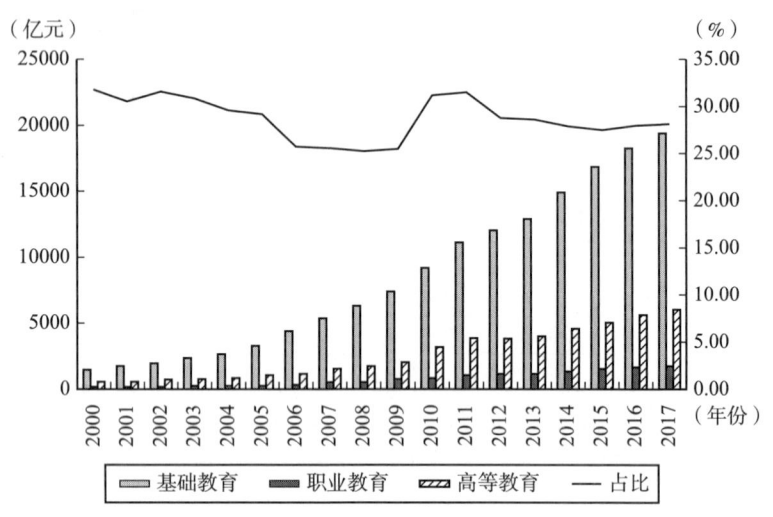

图2.2　2000～2017年中国各类各级教育总体投入比例及其结构变化情况

资料来源:根据2000～2019年《中国教育经费统计年鉴》的相关数据整理。

表2.1　中国各类各级教育总体投入及其结构变化情况

年份	基础教育投入（亿元）	职业教育投入（亿元）	高等教育投入（亿元）	教育投入结构（%）
2000	1446.33	185.31	517.90	31.74
2001	1764.97	194.37	598.24	30.53
2002	1972.97	206.54	688.11	31.57
2003	2318.73	221.20	783.07	30.83
2004	2688.92	228.81	861.98	29.54
2005	3248.92	269.31	1025.66	29.15
2006	4332.25	379.19	1214.11	25.77
2007	5357.38	508.36	1498.18	25.54
2008	6334.75	593.13	1748.34	25.24

---

① 教育投入结构的定义参见本章第五节。

续表

年份	基础教育投入（亿元）	职业教育投入（亿元）	高等教育投入（亿元）	教育投入结构（%）
2009	7422.98	696.18	2065.42	25.44
2010	9172.72	883.13	3138.11	31.21
2011	11161.36	1074.54	3856.95	31.52
2012	12071.89	1186.64	3821.43	28.82
2013	12894.09	1179.99	4025.73	28.60
2014	15005.49	1409.64	4568.69	27.83
2015	16804.16	1555.49	5038.97	27.45
2016	18363.89	1648.97	5596.08	27.96
2017	19521.89	1737.14	5987.35	28.16

资料来源：2000~2019年《中国教育经费统计年鉴》相关数据整理。

二、产业结构现状

产业结构与经济增长之间存在着相辅相成、相互促进的关系，如果一个经济体产业结构能顺应经济发展实现平滑转换，则可能带来较为稳定的经济增长率。反之，较高的经济增长率也会倒逼产业结构转型升级，以适应新的增长水平。自新中国成立以来，我国产业结构发展可大致分为三个阶段：第一阶段为重工业化阶段（1949~1977年）。随着我国社会主义制度的初步建立，当时的产业结构以农业和重工业为主，产业发展的主要特点是劳动密集型产业和资本密集型产业，多为粗放型的发展模式。第二阶段为产业结构协调发展阶段（1978~2012年）。改革开放之后，我国的工作重心开始转向经济建设，经济发展水平得到了巨大的提高，产业结构也得到了转型升级的机会，各类要素配置方式更加市场化，第三产业在产业结构中的占比日益提高。第三阶段为产业结构进一步升级阶段（2013年至今），又称后工业化阶段。此时，我国经济发展进入新常态阶段，创新驱动成为产业发展最主要的动力源泉，第三产业逐渐成为产业发展的主流。总体上来看，新中国成立至今，我国产业发展经历了一个漫长的演变过程，发展重心高端制造业与服务业转型。

2012年，党的十八大召开标志着中国特色社会主义进入了新时代，"互联网+"、人工智能等创新产业发展模式逐渐成熟，产业发展搭上了互联网技术的快车，产业结构也将迈上更高的台阶。

基于《中国统计年鉴（各年）》的数据，本章对1978~2017年我国三次产业变动情况进行了整理分析，参见图2.3。总体来看，1978~2017年我国第一产业占比呈逐年下降的趋势，1978年我国的第一产业产值占GDP的比重为27.7%，1984年达到最高点，为31.5%，于2017年达到改革开放以来的最低值7.9%；第二产业产值所占比重变化规律不明显，总体呈现出先下降后上升再下降的趋势；第三产业主要由服务业及一些新兴产业组成，总体上来看呈现出逐年上升的趋势，由1978年的24.6%上升到2017年的51.6%，产值已经超过了GDP的50%，成为我国经济发展的主要驱动力，上升趋势显著。此外，从图中也可以发现，我国产业结构升级的总体趋势基本符合产业结构的演变规律：随着经济的不断发展，第一产业比重呈现出不断下降的趋势，而第三产业比重则是显著增加。相比之下，第二产业的比重虽然始终保持着一个较为稳定的状态，但近年来也有下降的趋势。产业结构决定了资源的配置模式，确保我国三次产业的合理发展，才能构筑经济高质量增长的基础。

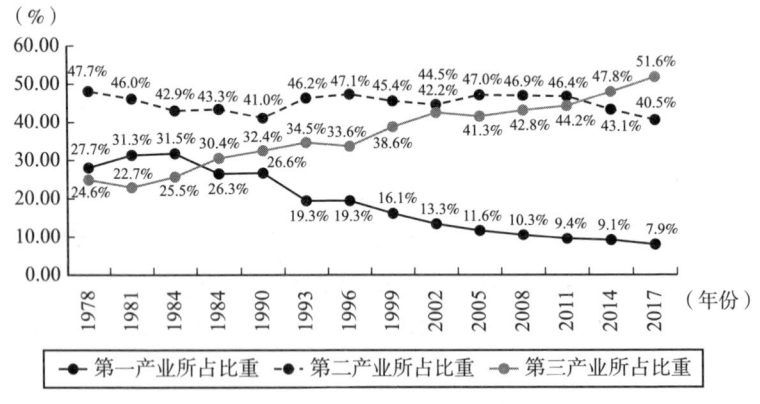

图2.3　1978~2017年中国产业结构变动情况

资料来源：根据1978~2018年《中国统计年鉴》相关数据整理。

产业结构向高级化、合理化方向演变是我国实现高质量发展的必由之路。在经济新常态的背景下，我国拥有较为完善的产业链，然而产业结构的升级转型是一个复杂的过程，需要不断改善产业发展环境，制定合理的产业发展政策，通过利用"互联网+"技术助推产业转型升级，鼓励高新技术产业发展，推动我国产业结构绿色转型。

三、经济增长质量现状

目前，中国的经济增长已经进入新常态阶段，依赖投资推动经济高速增长逐渐显得乏力，粗放型的要素消耗型生产方式与高质量增长之间的矛盾越来越尖锐。我国在中高端产业领域面临发达国家极强的竞争力，在低端产业领域面临发展中国家更低的生产成本。在这样的经济形势之下，宏观经济政策试图通过供给侧改革、经济结构调整等途径，将经济发展的重点由追求速度增长转移到提高质量上来。随着第二个百年计划的开启和全面建设社会主义现代化远景目标的设立，提高经济增长质量，对我国提升人民生活水平、提高国家竞争力至关重要。

基于《中国统计年鉴（各年）》提供的数据，使用 DEA-Maliquist 指数法对全要素生产率增长率进行测算[①]，并将测算结果与 GDP 的变化情况绘制成图，结果参见图 2.4。总体来看，我国全要素生产率增长率处于一个逐渐下降的趋势，直到 2014 年之后，这个趋势才有所缓解。GDP 增长则一直保持着逐年上涨的姿态，我国经济增长质量与经济体量的变化趋势表现出明显的不一致。特别是近年来，我国全要素生产率增长率仍低于 5%，呈低水平波动，经济增长质量提升缓慢，甚至出现了负增长，说明经济增长质量还有待提升。

为分析我国当前教育投入结构、产业结构与经济增长质量的变化，本节主要针对 2000~2017 年三者的情况进行描述性分析。首先介绍了我国近年来财政性教育经费的投入现状以及教育投入结构的变化情况，接着依次介绍了产业结构与经济增长质量的现状。通过本章的现状分析，初步得出了我国教育投入结构、产业结构与经济增长质量的特点

---

① 具体测算结果参见本章第五节。

以及存在的问题，为第五节的实证分析做铺垫。

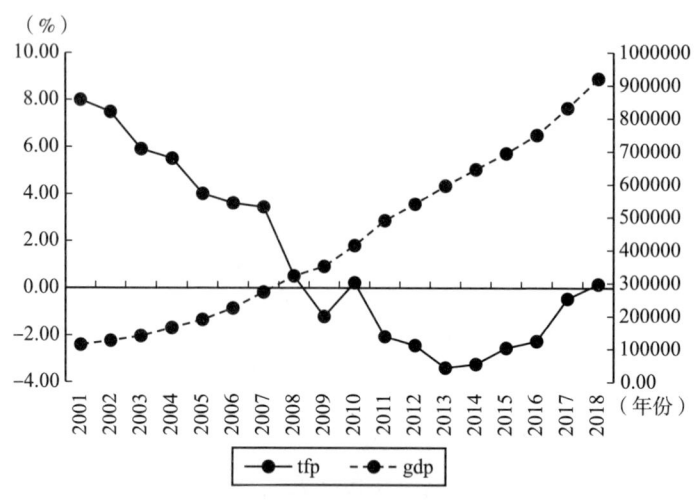

图2.4　2001~2017年中国全要素生产率增长率与GDP变化情况

注：左轴为全要素生产率增长率，右轴为GDP总量（单位：亿元）

资料来源：根据2000~2018年《中国统计年鉴》相关数据整理。

第五节　实证研究

一、指标选择

1. 被解释变量

经济增长质量。广义经济增长质量涉及面较多，评价指标复杂，本章主要考虑经济增长层面，采用全要素生产率（tfpch）表征增长质量。全要素生产率测算方法包括早期的索洛余量法以及后来的随机前沿函数法和数据包络分析法。为反映全要素生产率的结构，本章使用DEA-Malmquist指数法测算全要素生产率，并将之分解为技术效率（effch）和技术进步（techch），以便实证分析教育投入结构及产业结构对全要素生产率不同构成部分的影响。

Malmquist指数是一种测算生产效率的方法，由曼奎斯特（Malmquist）于1953年提出，利用缩放因子（给定消费组合为达到无差异曲线而需要变化的倍数）之比构造消费数量指数。受到 Malmquist 指数的启发，卡夫等（Caves et al.，1982）运用该方法测算生产效率指数。

到 20 世纪末，法勒等（Fare et al.，1994）基于 DEA 分析法和 Malmquist 指数法，将 Malmquist 指数从理论指数变为了实证指数，并且将 Malmquist 指数分解为技术效率变动、技术进步和规模效率变动，该方法成了能够有效快速测算全要素生产率（TFP）变化的非参数前沿方法。其主要运算过程如下：

首先，在构造距离函数的基础上，t 和 $t+1$ 期的 Malmquist 指数为

$$M_t(x^t, y^t, x^{t+1}, y^{t+1}) = \frac{D_0^t(x^{t+1}, y^{t+1})}{D_0^t(x^t, y^t)} \tag{2.1}$$

$$M_{t+1}(x^t, y^t, x^{t+1}, y^{t+1}) = \frac{D_0^{t+1}(x^{t+1}, y^{t+1})}{D_0^{t+1}(x^t, y^t)} \tag{2.2}$$

全要素生产率 TFP 的计算公式可以表示为：

$$\begin{aligned} \text{tfpch} &= M(x^t, y^t, x^{t+1}, y^{t+1}) = (M_t \cdot M_{t+1})^{\frac{1}{2}} \\ &= \left[\left(\frac{D_0^t(x^{t+1}, y^{t+1})}{D_0^t(x^t, y^t)} \times \frac{D_0^{t+1}(x^{t+1}, y^{t+1})}{D_0^{t+1}(x^t, y^t)}\right)\right]^{\frac{1}{2}} \end{aligned} \tag{2.3}$$

如果我们假设规模报酬不变，全要素生产率可以做如下分解：

$$\begin{aligned} M(x^t, y^t, x^{t+1}, y^{t+1}) &= \frac{D_0^{t+1}(x^{t+1}, y^{t+1})}{D_0^t(x^t, y^t)} \\ &\quad \times \left[\left(\frac{D_0^t(x^{t+1}, y^{t+1})}{D_0^{t+1}(x^{t+1}, y^{t+1})} \times \frac{D_0^t(x^t, y^t)}{D_0^{t+1}(x^t, y^t)}\right)\right]^{\frac{1}{2}} \\ &= \text{effch} \times \text{tech} \end{aligned} \tag{2.4}$$

$$\begin{aligned} \text{effch} &= \frac{D_0^{t+1}(x^{t+1}, y^{t+1})}{D_0^t(x^t, y^t)} \\ &= \frac{D_0^{t+1}(x^{t+1}, y^{t+1} \mid V)}{D_0^t(x^t, y^t \mid V)} \times \frac{\dfrac{D_0^{t+1}(x^{t+1}, y^{t+1} \mid C)}{D_0^{t+1}(x^{t+1}, y^{t+1} \mid V)}}{\dfrac{D_0^t(x^t, y^t \mid C)}{D_0^t(x^t, y^t \mid V)}} \\ &= \text{pech} \times \text{sech} \end{aligned} \tag{2.5}$$

至此，全要素生产率已全部分解为技术效率变动、技术进步和规模效率变动。式（2.3）所求出的 Malmquist 指数刻画的是从 t 到 t+1 期全要素生产率的变动。其中，x 代表要素投入，y 代表产出。产出用以 1999 年为基期测算的实际 GDP 表示，投入要素以固定资本存量（K）和劳动投入（L）表示，其中 K 以 1999 年为基期借鉴张军等（2004）的方法计算，L 则为各省年末从业人员数量。当 Malmquist 指数大于 1 时，意味着全要素生产率较前一期获得了提升，经济增长质量得到提高，反之则意味着增长质量下降。

2. 核心解释变量

本章的核心解释变量为教育投入结构、产业结构及两者的交互项。

（1）教育投入结构。借鉴刘新荣和占玲芳（2013）的研究定义教育投入结构变量（str）。采用预算内生均教育经费支出（地方普通高等学校）作为高等教育投入的代理变量，预算内生均教育经费支出（地方普通中等学校和地方普通小学）作为基础教育投入的代理变量，预算内生均教育经费支出（高职高专学校、技工学校等）作为职业教育投入的代理变量。计算公式如下：

$$str = \frac{高等教育经费投入}{基础教育经费投入 + 职业教育经费投入}$$

（2）产业结构。对产业结构的合理度量是研究其对经济增长质量影响的前提，产业结构的变动可分为高级化和合理化，本章参照汪伟等（2015）的研究，采用产业结构高级化来作为产业结构转型升级的评价指标，指三次产业在国民经济中的占比，能够比较全面地反映产业结构变动方向。计算公式如下：

$$ind = \sum_{i=1}^{3} \frac{Y_i}{Y} \cdot i \qquad (2.6)$$

其中，ind 为产业结构高级化指数，Y 为产出水平，i 表示产业部门。

3. 控制变量

为了使实证研究结果更加可靠，模型对影响全要素生产率的其他因素进行了控制。实证分析选取了地区经济发展水平、基础设施建设、市场化水平、开放程度、城镇化水平作为控制变量。

（1）地区经济发展水平（gdp），用实际人均 gdp 表示。经济发展水平高的地区通常具有更多资源改善发展条件，进行经济结构调整，提高增长质量。但是，经济发展水平与增长质量不一定存在必然的正向协同关系，经济发展水平高的地区，有可能过度依赖于丰富的禀赋资源和良好的区位条件，增长质量未必高于其他地区。

（2）基础设施建设（inf），采用各省份单位国土面积公路里程数即公路分布的密度表示，密度越大说明基础设施越完善。一般而言，良好的基础设施条件会吸引更多的物质资本投资和人力资本流动，提高资源配置效率，提高经济增长质量。

（3）市场化水平（mar），采用王小鲁等（2021）计算得出的市场化指数来表示。中国的市场化改革极大地改善了资源配置效率，提升了经济增长质量。

（4）开放程度（OE）。经济全球化使得各个国家的经济增长很容易受到国际经济波动的影响。国际贸易发展水平越高，对外开放程度也越高，有助于促进国际要素流动和全球产业价值链的形成，提高经济增长质量。

（5）城镇化水平（urb），采用各省份城镇人口数占总人口数的比重来表示。城市化水平决定了资源向城市集中的程度，合理的城市化水平意味着资源在城市与乡村之间进行了有效率的配置，是配置效率和增长质量的重要影响因素。

二、数据说明

本章数据来源于 2000～2017 年《中国教育经费统计年鉴》《中国劳动统计年鉴》《中国人口和就业统计年鉴》以及各省份历年统计年鉴、中国国家统计局官网数据库以及中国知网统计数据库等。教育投入结构的度量层级为基础教育、职业教育和高等教育，将各级教育预算内支出数据和生均预算内支出分别进行加总和相除处理，最终得到各级教育经费生均支出数据。此外，分析样本中剔除了数据缺失较多的西藏自治区，仅包含剩余 30 个省份的数据。部分缺失的数据由中国经济与社会发展统计数据库来进行补充,无法获取的个别缺失值使用插值法进行补齐。变量的描述性分析参见表2.2。

表2.2　　　　　　　　变量的描述性统计

变量	平均值	最大值	最小值	标准差
全要素生产率（tfpch）	1.0100	1.1570	0.0960	0.0936
教育投入结构（str）	1.0063	0.4027	0.4427	0.4479
产业结构（ind）	2.3115	2.8228	2.0694	0.1282
经济发展水平（GDP）	23692	94769	1650	18033
基础设施建设（inf）	7.1390	24.5365	0.3230	4.8124
市场化水平（mar）	6.2036	11.1093	2.3700	1.8733
开放程度（OE）	0.3173	1.7208	0.0068	0.3798
城镇化水平（urb）	0.4873	0.8961	0.0048	0.1560

三、基准计量模型

为了分析教育投入结构与产业结构的交互效应对经济增长质量的影响,实证分析模型中加入了两者的交互项,基准计量模型如下:

$$\ln tfpch_{it} = \alpha_i + \beta_1 \ln str_{it} + \beta_2 \ln ind_{it} + \beta_3 \ln str \times \ln ind_{it} + \gamma \ln X_{it} + \varepsilon_{it} \tag{2.7}$$

其中,i代表省份,t代表时期,$\ln str \times \ln ind_{it}$代表教育投入结构与产业结构的交互项,$X_{it}$代表一组控制变量,$\varepsilon_{it}$代表残差项,$\alpha_i$代表固定效应。在参数估计中,为了使回归结果更加准确,减少异方差所带来的影响,对所有变量均进行了取对数处理。

四、实证结果分析

首先对样本数据进行 LR 检验和 Hausman 检验,检验结果显示拒绝随机效应模型的原假设,因此利用固定效应面板数据模型估计参数。

1. 基准回归结果分析

表2.3给出了以全要素生产率为被解释变量的模型回归结果。从

模型（1）的回归结果来看，在没有加入控制变量的情况下，教育投入结构与产业结构的回归系数分别为 0.0662 和 -1.33，并且在 1% 的显著性水平上通过了检验，这表明偏向高等教育的教育投入结构能够促进经济高质量增长，但是产业结构却产生了负向影响，抑制了经济增长质量的提高。改革开放之后，我国高等教育规模逐步扩大、教育质量显著提升，尤其是在 20 世纪末高考扩招之后，高等教育逐渐摆脱仅限少数人群进入的精英教育模式，毛入学率明显提高，为经济发展提供了劳动力人力资本储备，也适度弥补了农村剩余劳动力减少造成的传统生产模式效率的下降。另外，我国曾长期处于经济增长的起步阶段，劳动-资本要素配比失衡，大学毕业生进入劳动力市场能优化要素配比，提高要素配置效率和产出水平。相较于教育投入结构，产业结构对经济增长质量产生抑制作的原因可能源于当前我国所处的经济发展阶段，产业结构调整通常来源于政府的强激励，演进过程可能偏离由市场机制引导的结构调整过程。在一定程度上，第二和第三产业的快速发展挤占了第一产业的资源，加之第二产业、第三产业生产效率增进缓慢，从而造成整体资源配置效率的下降，对增长质量产生负向影响。

表 2.3　　　　　　　　　基准回归分析结果

	(1)	(2)	(3)	(4)	(5)	(6)
因变量：全要素生产率							
lnstr	0.0662*** [0.0158]	0.0720** [0.0236]	0.0815** [0.0250]	0.0611** [0.0171]	0.0685** [0.0248]	0.0812** [0.0259]
lnind	-1.3300*** [0.3602]	-1.2690*** [0.3269]	-1.4340*** [0.3641]	-1.3930*** [0.3782]	-1.3270*** [0.3228]	-1.4400*** [0.3620]
lnstr × lnind				-0.3150 [0.2507]	-0.2600 [0.2213]	-0.0334 [0.2157]
lnGDP		0.1460*** [0.0387]	0.1430*** [0.0384]		0.1460*** [0.0388]	0.1430*** [0.0383]
lninf		-0.1730*** [0.0323]	-0.1750*** [0.0336]		-0.1720*** [0.0317]	-0.1750*** [0.0336]

续表

	（1）	（2）	（3）	（4）	（5）	（6）
因变量：全要素生产率							
lnmar			0.1190 * [0.0491]			0.1180 * [0.0494]
lnOE			-0.0301 [0.0211]			-0.0294 [0.0223]
lnurb			-0.0072 [0.0107]			-0.0070 [0.0108]
常数项	16.7600 *** [2.8588]	16.2900 *** [2.2655]	16.7100 *** [2.3378]	17.2700 *** [3.0071]	16.7500 *** [2.2388]	16.7600 *** [2.3352]

注：* 表明在10%显著性水平上显著，** 表明在15%显著性水平上显著，*** 表明在1%显著性水平上显著。

从模型（2）和模型（3）的回归结果来看，一些传统因素显著地影响了经济增长质量，如：地区经济发展水平，基础设施水平以及市场化水平等。经济发展水平的回归系数显著为正，表明经济发展水平越高的地区，经济高质量增长越高。基础设施建设的回归系数显著为负，说明基础设施改善还未发挥出促进经济高质量增长的作用，可能与在基础设施方面的财政投入结构相关，或者影响效应存在一定的滞后性。市场化水平对经济增长质量的影响为正，回归系数在10%的显著性水平上通过显著性检验，表明市场化水平的提高有利于经济高质量增长。

模型（4）~模型（6）加入了教育投入结构和产业结构的交互项。从回归结果来看，教育投入结构的参数估计结果依然在5%的显著性水平上通过检验，产业结构的系数依然显著为负，其他控制变量显著性差异不大，未改变之前的结论。交互项的系数为负，但没有通过显著性检验，说明教育投入结构与产业结构的交互作用未明显影响增长质量。

2. 分维度回归结果分析

接下来进一步对教育投入结构、产业结构以及其交互项影响全要素生产率的具体构成（技术效率、技术进步）做实证分析。

表2.4中模型（1）~模型（2）是以技术效率为被解释变量的参数回归结果。可以发现，不考虑交互项时，教育投入结构对技术效率的影响显著为正，产业结构对技术效率的影响显著为负。将教育投入结构和产业结构的交互项加入模型之后，教育投入结构和产业结构的参数估计结果变化不大，交互项未通过显著性检验。

表2.4　　　　　　　　　分维度回归分析结果

变量	技术效率（effch）		技术进步（techch）	
	模型（1）	模型（2）	模型（3）	模型（4）
nstr	0.0518** [0.0184]	0.0507* [0.0194]	−0.0060 [0.0115]	−0.0058 [0.0119]
lnind	−0.9590* [0.4377]	−0.9790* [0.4422]	−0.5010*** [0.1257]	−0.4980*** [0.1180]
lnstr × lnind		−0.0905 [0.2309]		0.0140 [0.1174]
常数项	−0.0078 [0.0283]	−0.0072 [0.0283]	−0.0515* [0.0194]	−0.0516* [0.0192]
控制变量	控制	控制	控制	控制

注：*表明在10%显著性水平上显著，**表明在15%显著性水平上显著，***表明在1%显著性水平上显著。

模型（3）~模型（4）是以技术进步为被解释变量的回归结果。可以看出不考虑交互项时，教育投入结构的参数估计结果没有通过显著性检验，产业结构的参数估计结果在1%的显著性水平上通过了检验，参数估计值为负，说明偏向高等教育的教育投入结构对技术进步没有产生显著影响，而产业结构对技术进步产生了显著的负向影响，这与前文计量分析的结果一致。加入教育投入结构与产业结构的交互项之后，核心解释变量的参数估计结果没有显著变化，交互项亦没有通过显著性检验。

五、稳健性检验

影响经济增长质量的因素来源于各个方面，无法全部包含在本文的实证模型中，此外，各个变量之间也可能存在相互影响的关系，如经济增长质量较高的省份，其偏向高等教育的投入可能相对更高，产业结构也可能级别更高，这将导致实证研究结果面临内生性问题。为此，本章通过寻找合适的工具变量、弱内生性样本方法来对模型的参数估计结果进行稳健性检验，揭示结论的可靠性。

稳健性检验关键在于为核心解释变量寻找相应的工具变量，借鉴经典做法，首先采用教育投入结构与产业结构的一阶滞后项进行稳健性检验，并辅以弱内生性样本以及考虑产业结构合理化指标等方法进行进一步进行稳健性检验。检验结果参见表2.5。

表2.5　　　　　　　　稳健性检验结果

	加入滞后一期	弱内生性样本	产业结构合理化	产业结构合理化
L.lnstr	0.0190 [0.0277]	0.1040* [0.0373]	0.0902*** [0.0129]	0.0651** [0.0194]
L.lnind	-1.3860* [0.5423]	-1.5680* [0.6454]	-0.1010*** [0.0222]	-0.0950*** [0.0243]
L.lnstr×lnind	-0.2840 [0.2966]	-0.1630 [0.4539]	-0.0788** [0.0284]	-0.0547* [0.0247]
常数项	14.7800*** [3.2714]	17.2800*** [4.2949]	7.1440*** [0.2280]	5.6660*** [0.6325]
控制变量	控制	控制	不控制	控制

注：*表明在10%显著性水平上显著，**表明在15%显著性水平上显著，***表明在1%显著性水平上显著。

1. 加入滞后一期

考虑到教育经费投入、产业结构对经济增长质量的影响可能存在时滞效应。本章以教育投入结构和产业结构的滞后一期为工具变量，检验基准回归结果的稳健性。表2.5中的估计结果显示，相比基准回归，虽然各参数估计结果的显著性有所降低，但符号保持与前文检验结果一致，教育投入结构促进了经济增长质量的提高，但时滞效应不明显，而产业结构对经济增长质量产生了抑制作用。

2. 弱内生样本

中国幅员辽阔，各地区发展禀赋存在差异，改革进程不同，区域发展不平衡。利用以东西部为代表的弱内生性样本进行回归，发现教育投入结构的参数估计结果虽然显著性水平有所降低，但符号未发生变化，产业结构的参数估计结果依然显著为负，与前文保持一致，说明回归结果是稳健的。

3. 更换产业结构的代理变量

本章尝试使用产业结构的另一评价维度产业结构合理化指标进行回归①。回归结果显示，不论有无控制变量，核心解释变量的参数估计结果均与前文保持一致。

第六节 结论、政策建议与研究展望

本章主要探讨了教育投入结构、产业结构及其交互项对经济增长质量的影响，测度了教育投入结构、产业结构以及表征增长质量的全要素生产率及其构成等各项指标，在理论分析的基础上，基于省级面板数据进行了经验实证研究。理论分析表明教育投入可以通过影响人力资本水平、技术进步和溢出以及技术与产品创新等途径影响全要素生产率，由教育投入结构直接影响的劳动力人力资本结构与产业结构的匹配度是影响教育投入促进增长质量提升的核心因素之一。实证结果表明，偏向高等教育的教育投入结构显著促进了全要素生产率的提高，分维度分析来看，仅对技术效率产生了显著的促进作用。相反，产业结构负向影响了全要素生产率及技术效率和技术进步，显著抑制了我国经济增长质量。回归结果表明，教育投入结构和产业结构的交

---

① 产业结构合理化指标借鉴干春晖等（2011）的方法计算。

互项未对全要素生产率即增长质量产生显著影响。

我国财政性教育投入进入"后4%时代",优化投入结构已成为首要问题。基于我国经济发展水平和本章研究结果,为提高增长质量,提出以下政策建议:

第一,在继续扩大教育投入的基础上,优化教育投入结构,在不同类型和不同层级教育之间合理分配教育资源。相比其他国家,我国财政性教育投入偏低是不争的事实,中央和地方各级政府需进一步扩大财政性教育投入,着力于提升教育质量,推动教育内涵式发展。教育投入结构直接决定了劳动力人力资本结构,只有优化教育投入结构,才能在保障提升人力资本存量的同时,改善人力资本结构,为知识进步、科技创新、产品开发等决定增长质量的因素提供智力支持。

第二,在推动产业结构转型升级的同时,关注其对要素配置效率的影响。当前我国产业结构转型升级是经济结构调整的重要组成部分,要素在各产业之间重新配置,政府在制定产业发展政策时,需进一步培育和规范要素交易市场,发挥市场在要素配置中的基础性作用,通过价格机制引导要素在不同产业之间的合理分配,落实创新驱动发展战略,在注重产业结构高级化的同时,体现其与本地资源禀赋、发展水平、技术层级的一致性。

第三,更加关注教育投入结构与产业结构的匹配性。在经济发展进入"新常态"的时代背景下,充分重视教育投入结构与产业结构交互作用对增长质量的影响,应适度增加职业教育的投入,培养更多的高技术、高技能型人才,满足产业转型升级的需求。发展水平和产业结构不同的地区,应充分考虑本地产业发展对人才的需求,体现教育发展政策的差异性。

本章严格按照理论分析与实证分析相结合的方法,基本完成了预期研究目标,但仍存在一些未考虑周全的地方,需要在后续研究中进行更加深入的探讨。

第一,鉴于数据的可获得性,本章在教育投入结构的测算中没有将成人教育、特殊教育以及学前教育等其他教育形式的数据纳入计算分析。从教育总投入的角度看,忽略这一部分教育投入数据可能会导致实证研究结果存在一定的偏差。因此，可以尝试对教育投入结构的内涵和数据进行进一步补充，使结论更加可靠。

第二，经济增长质量的影响因素问题。本章在实证研究过程中选取了地区经济发展水平、基础设施建设、市场化水平、开放程度、城镇化水平这五个变量作为控制变量引入模型之中，而现实中影响经济增长质量的因素可能更加广泛，在今后的研究中，可以尝试使用更多的控制变量，探究更加广泛的因素对经济增长质量的影响。

第三，对于政策建议部分，本章提出的政策建议主要提供给政府做政策决策参考，大多偏向于宏观政策，缺乏一定的可执行性和操作性。在今后的研究中，会尝试对更加具体的政策进行研究和探讨，让政策建议更具有实用性，在实际政策制定过程中能够发挥更大的参考价值。

参考文献

［1］蔡跃洲，付一夫. 全要素生产率增长中的技术效应与结构效应——基于中国宏观和产业数据的测算及分解［J］. 经济研究，2017，52（1）：72－88.

［2］曹佑，张如兵. 我国经济增长质量的内涵、考核基准及实证分析［J］. 云南财贸学院学报，1994（2）：45－49.

［3］陈晋玲，张靖. 教育层次结构与产业结构优化效应的统计测度［J］. 科学学研究，2019，37（11）：1990－1998.

［4］程虹，李丹丹. 一个关于宏观经济增长质量的一般理论——基于微观产品质量的解释［J］. 武汉大学学报（哲学社会科学版），2014，67（3）：79－86.

［5］邓创，付蓉. 中国财政性教育经费投入对产业结构的非线性影响［J］. 教育与经济，2017，（5）：10－19.

［6］杜育红，赵冉. 教育对经济增长的贡献——理论与方法的演变及其启示［J］. 北京师范大学学报（社会科学版），2020（4）：5－16.

［7］干春晖，郑若谷，余典范. 中国产业结构变迁对经济增长和波动的影响［J］. 经济研究，2011，46（5）：4－16＋31.

[8] 高琳. 分权的生产率增长效应：人力资本的作用 [J]. 管理世界, 2021, 37 (3): 67-83.

[9] 郭克莎. 实施合理的宏观经济政策推动经济增长方式的转变 [J]. 首都经济, 1995, (12): 11-13.

[10] 郝颖, 辛清泉, 刘星. 地区差异、企业投资与经济增长质量 [J]. 经济研究, 2014, 49 (3): 101-114, 189.

[11] 黄群慧. 改革开放40年经济高速增长的成就与转向高质量发展的战略举措 [J]. 经济论坛, 2018 (7): 12-15.

[12] 纪雯雯, 赖德胜. 人力资本、配置效率及全要素生产率变化 [J]. 经济与管理研究, 2015, 36 (6): 45-55.

[13] 贾洪文, 张伍涛, 盘业哲. 科技创新、产业结构升级与经济高质量发展 [J]. 上海经济研究, 2021 (5): 50-60.

[14] 金相郁, 段浩. 人力资本与中国区域经济发展的关系——面板数据分析 [J]. 上海经济研究, 2007, (10): 22-30.

[15] 郎丽华, 周明生. 结构性改革与宏观经济稳定——中国经济增长与周期 (2012) 国际高峰论坛综述 [J]. 经济研究, 2012, 47 (8): 152-160.

[16] 刘海英, 赵英才, 张纯洪. 人力资本"均化"与中国经济增长质量关系研究 [J]. 管理世界, 2004 (11): 15-21.

[17] 刘新荣, 占玲芳. 教育投入及其结构对中国经济增长的影响 [J]. 教育与经济, 2013, (3): 49-55.

[18] 栾大鹏, 欧阳日辉. 生产要素内部投入结构与中国经济增长 [J]. 世界经济, 2012, 35 (6): 78-92.

[19] 闵维方. 教育促进经济增长的作用机制研究 [J]. 北京大学教育评论, 2017, 15 (3): 123-136.

[20] 任保平. 经济增长质量：理论阐释、基本命题与伦理原则 [J]. 学术月刊, 2012, 44 (2): 63-70.

[21] 宋文月, 任保平. 中国经济增长数量与质量互动机制研究：1996—2016 [J]. 财经问题研究, 2018 (7): 3-14.

[22] （苏）卡马耶夫著；陈华山译. 经济增长的速度和质量 [M].

武汉：湖北人民出版社．1983．

[23] 汪伟，刘玉飞，彭冬冬．人口老龄化的产业结构升级效应研究［J］．中国工业经济，2015，(11)：47-61．

[24] 王善迈．教育投入与产出研究［M］．河北，河北教育出版社1996．

[25] 王小鲁，胡李鹏，樊纲著．中国分省份市场化指数报告［M］．北京：社会科学文献出版社，2021．

[26] （匈）亚诺什·科内尔著．张晓光等译．突进与和谐的增长［M］．北京：经济科学出版社．1988．

[27] 杨万平，赵金凯，卞淑云．教育人力资本对中国绿色经济增长的贡献研究［J］．教育与经济，2020，36（2）：60-69．

[28] 叶初升，李慧．以发展看经济增长质量：概念、测度方法与实证分析——一种发展经济学的微观视角［J］．经济理论与经济管理，2014，(12)：17-34．

[29] 殷红，张龙，叶祥松．中国产业结构调整对全要素生产率的时变效应［J］．世界经济，2020，43（1）：122-142．

[30] 余泳泽，刘冉，杨晓章．我国产业结构升级对全要素生产率的影响研究［J］．产经评论，2016，7（4）：45-58．

[31] 詹新宇，刘文彬．中国财政性教育支出的经济增长质量效应研究——基于"五大发展理念"的视角［J］．教育与经济，2019，(1)：46-57．

[32] 张长征，李怀祖．研发团队异质性与报酬模式对研发效率的影响分析［J］．科学学与科学技术管理，2006（3）：36-39．

[33] 张军，吴桂英，张吉鹏．中国省际物质资本存量估算：1952—2000［J］．经济研究，2004（10）：35-44．

[34] 张玉鹏，王茜．人力资本构成、生产率差距与全要素生产率——基于中国省级面板数据的分析［J］．经济理论与经济管理，2011（12）：27-36．

[35] 郑玉歆．全要素生产率的再认识——用TFP分析经济增长质量存在的若干局限［J］．数量经济技术经济研究，2007，(9)：3-11．

［36］中国经济增长前沿课题组，张平，刘霞辉，袁富华，陈昌兵. 突破经济增长减速的新要素供给理论、体制与政策选择［J］. 经济研究，2015，50（11）：4－19.

［37］朱方明，贺立龙. 经济增长质量：一个新的诠释及中国现实考量［J］. 马克思主义研究，2014，（1）：72－79.

［38］Barro R J. Quantity and Quality of Economic Growth［J］. Working Papers Central Bank of Chile，2002，5（2）：17－36.

［39］Benhabib，J. & M. M. Spiegel，The role of human capital in economic development evidence from aggregate cross-country data［J］. Journal of Monetary Economics，1994，34（2）：143－173.

［40］Caves，D.，Christensen，L. and Diewert，W. E.（1982）The Economic Theory of Index Numbers and the Measurement of Input，Output and Productivity. Econometrica，6，1393－1414.

［41］Fare R，Grosskopf S，Norris M et al. Productivity Growth，Technical Progress，and Efficiency Change in Industrialized Countries［J］. American Economic Review，1994.

［42］Fisher，Jonas D. M.，The Dynamic Effects of Neutral and Investment-Specific Technology Shocks［J］. Journal of Political Economy，2006，114：413－451.

［43］Gemmell，N. Evaluating the impacts of human capital stocks and accumulation on economic growth［J］. Oxford Bulletin of Economics and Statistics，1996，58（1）：9－28.

［44］Jayasuriya R，Wodon Q. Measuring and Explaining the Impact of Productive Efficiency on Economic Development［J］. World Bank Economic Review，2005，19（1）.

［45］Lopez R V，Thomas W Y. Addressing the education puzzle：The distribution of education and economic reforms［R］. World Bank Policy Research Working Paper，1998.

［46］Maddison A. Measuring The Economic Performance Of Transition Economies：Some Lessons From Chinese Experience［J］. Review of Income

& Wealth, 2010, 55.

[47] Nelson, R. R. and Phelps, E. S., Investment in Humans, Technological Diffusion and Economic Growth [J]. American Economic Review, 1966, 56 (1): 69 - 75.

[48] Petrakis, P. E. & D. Stamatakis. Growth and educational levels: a comparative analysis [J]. Economics of Education Review, 2002, 21 (5): 513 - 521.

[49] Romer, P. M. Endogenous technological change [J]. Journal of Political Economy, 1990, 98 (5): 71 - 102.

[50] Schultz, T. W., Investment in human capital [J]. The American Economic Review, 1961, 51 (1): 1 - 17.

[51] Smith, V. Kerry, and J. V. Krutilla. Economic Growth, Resource Availability, and Environmental Quality [J]. American Economic Review. 1984, 74 (2): 226 - 230.

[52] V. Thomas. The Quality of Growth [M]. Oxford Washinton, D. C: World Bank, 2000.

第三章

地方教育财政对劳动力人力资本的异质性贡献

在以公立教育为主的国家，教育财政是增加劳动力人力资本存量的重要途径，本章在我国跨省就业规模较大的现实背景下，研究地方教育财政支出对劳动力人力资本的贡献。研究结果表明：我国劳动力人力资本存在显著的区域不平衡，并呈现出较强的以经济距离为权重矩阵的空间相关性，全样本的实证分析发现，地方教育财政对劳动力人力资本的影响不显著，分地区样本的实证分析发现，中部地区教育财政对劳动力人力资本积累正向促进效应最显著，其次是东部地区，而在西部地区不显著，验证了地方教育财政促进当地劳动力人力资本积累的效果与跨省就业规模密切相关的研究假说。因此，为提高劳动力人力资本水平，地方政府除扩大教育支出规模以外，还需完善劳动力就业市场和就业环境，形成合理的工资定价机制，吸引人才到本地就业。

第一节 引 言

区域经济发展不平衡是当前我国面临的主要矛盾之一，就业环境、工资水平和劳动保障等均存在显著的区域差异，"同工不同酬"的现象仍然普遍存在，导致劳动力大规模跨省转移就业。以上海为例，调查数据显示，截至 2018 年 3 月全国各省市在沪办理就业登记的人员共

463.3万人，与2017年同期相比增加15.8万人。大学生就业数据也显示，除北上广深之外，涌入新一线城市就业的外省本科毕业生占比不断上升，2015届~2017届的比例分别为28.2%、32.0%、35.6%，其中，在杭州就业的外省人占比最高，为55.3%，紧随其后的为天津，占比54.4%[①]。跨省就业增强了劳动力人力资本的流动性，有利于提高就业者与岗位的匹配度，优化劳动力资源的配置效率，释放出就业市场化改革红利，但也可能同时加剧人力资本的区域不平衡，降低区域经济增长的收敛速率。

人力资本是指劳动者蕴含的认知能力和非认知能力，而教育支出是提高劳动力人力资本水平的主要投资方式，提升人力资本也正是教育发挥经济增长效应的主要途径。在我国教育体系中，地方政府是各层级教育的主要供给主体，地方教育财政支出是教育发展的主要经费来源，在很大程度上决定了当地教育的发展水平，对促进当地人力资本积累起到了关键作用。然而，跨省就业增强了地方政府教育财政支出的空间溢出效应，其对当地劳动力人力资本的贡献不但取决于教育财政支出规模，还与区域劳动力市场的发育程度和整合状况密切相关，教育财政支出规模扩大并不必然促进当地劳动力人力资本积累。

本章以跨省就业为研究背景，严格区分劳动力人力资本和人口人力资本[②]，构建教育财政支出规模和支出努力两个指标，用于表征政府教育支出行为，评估跨省就业不同的三大经济区域教育财政的劳动力人力资本提升效应，可能的贡献在于从劳动力人力资本积累而非人口人力资本积累的角度重新审视教育财政的支出效率，反推政府的教育支出行为，为相继出台人才培养和人才吸引战略的地方政府制定有效的教育财政支出制度提供依据。

[①] 数据来源：http://www.chinajob.gov.cn/sjpd/qwsj/。
[②] 很多研究将劳动力人力资本和人口人力资本区别模糊化，实际上存在人力资本的跨区流动时，两者不等价，同时人口人力资本的计算包括非劳动人口，降低了人力资本测算的准确度。

第二节 文献综述

改革开放之后，国家逐步放松对劳动力流动的管制，跨省就业规模越来越大。一方面，农业部门和非农部门巨大的工资差异极大促进了农村劳动力大量、快速地向非农部门转移，制度变革又恰好为这种转移创造了良好的外部条件，"离土离乡"的转移规模占比越来越大。从我国农村劳动力就业转移的方向来看，不仅是从农村转移到城市，也是从落后省份流入发达省份，跨省转移规模占比较高[1]。另一方面，包括高校毕业生在内的高技能人才跨省就业规模较大[2]。企业制度变革和大学生就业体制的市场化改革为高层次人才的流动提供了巨大的空间，良好的工资收入和就业前景激励了高层次人才向东部集聚。赵伟、李芬（2007）发现高技能劳动力比低技能劳动力具有更强的流动性，流动目的地主要为沿海地区，赵晶晶等（2016）发现高校毕业生初次就业的首选地依次为东部、中部和西部地区，并且著名研究型大学的毕业生选择东部地区就业的意愿更强。秦惠民、王名扬（2016）发现接受高等教育的个体会带动家庭成员的流动，并且以向发达地区的正规性流动为主。

认知能力和非认知能力均人力资本可以通过教育、医疗保健、在职培训等方式获得，人力资本的收入增加效应和经济增长效应分别激励了劳动者个人和政府进行人力资本投资。从微观层面来看，贝克尔

---

[1] 2015年农民工监测调查报告显示跨省流动的农民工7666万人，占外出农民工总量的45.3%，中西部地区外出农民工跨省流动比例均超过了50%，在东部、中部和西部务工的农民工占比分别为56.7%、20.4%和19.5%，参见国家统计局网站：http://www.stats.gov.cn/tjsj/zxfb/201704/t20170428_1489334.html。

[2] 高技能人才是提升地区劳动力人力资本总体水平的主要因素，跨省份就业输出将大幅降低输出地的人力资本水平。截至2018年3月底，在沪就业登记的外省份户籍来沪人员中，具有大专及以上学历的约占37.8%，2013年同期该比例仅为21.4%，五年时间几乎翻了一番。与上海户籍劳动力相比，两者之间这一比例的差距，由五年前同期的15.3%下降至当前的7.0%，来沪人员与上海户籍劳动力在学历方面的差距不断缩小，参见：http://www.chinajob.gov.cn/c/2018-06-20/28766.shtml。

(Becker, 1975)认为正规教育是形成认知能力人力资本的主要途径，然而丹尼森（Denison, 1962）认为学校教育、毕业之后的继续教育、在职培训等"知识增进"方式均可以提高人力资本水平，张永丽、刘富强（2010）甚至发现就业流动也会影响到劳动者的人力资本水平。心理学研究表明，非认知能力人力资本形成过程更加复杂，除了与投资成本相关之外，还与投资时机相关，不同年龄会形成不同的非认知能力，家庭教育和学校教育在非认知能力人力资本形成中均发挥了重要作用。微观个体的人力资本形成与宏观层面的人力资本积累并不完全等价，影响区域劳动力人力资本水平的因素包括当地的教育投入、工资水平、就业环境、要素市场发育程度和产业结构等。刘华、鄢圣鹏（2004）发现各层级教育财政支出对人力资本的产出弹性均为正值，中等教育的产出弹性最大，杨超、吴蓓莅（2008）认为政府义务教育支出对人力资本的形成具有一定的时滞性，前一期义务教育支出对当期人力资本的作用为负，前两期义务教育支出对当期人力资本的作用为正，公共教育支出带来低水平的人力资本增长。钱雪亚等（2014）基于随机前沿教育生产函数从区域、时间、教育层级三个维度分析了不同性质教育支出对基础性人力资本、专业性人力资本的形成和积累效率的影响，发现私人教育支出的产出弹性高于公共教育支出，对专业人力资本的形成影响更大，而公共教育支出对人力资本积累效率的作用更大，对基础性人力资本的影响更显著。

第三节　劳动力人力资本的区域分布及其动态演进

由于就业人口的流动性，区域人口人力资本水平与当地就业者的人力资本水平可能表现出不一致，当地教育发展水平的提升可以通过增加各层级教育的入学率提高当地人口的受教育程度，而就业者的人力资本水平除了与当地教育发展水平相关之外，还与当地的跨省就业状态相关，即就业者的净流入规模及其人力资本存量。接下来利用核密度函数（Kernel Function）① 和莫兰指数（Moran's Index），从时间和空间两个维度分析我国劳动力人力资本区域分布及其动态演进。

当前主要包括三种人力资本估算方法：成本法、收入法和教育指标法。人力资本投资同时包含私人支出和政府支出，延续时间较长，成本法需要比较全面且周期较长的数据支撑，收入法则需要用到劳动者终身收入的现值，并且严格设定一系列参数，相关数据的缺失增加了以上两种方法的估算难度。本章关注劳动力人力资本的截面比较和时序变化，绝对值对分析结果的影响相对较弱，因此利用教育指标法估算各省劳动力人力资本，相关数据容易获得，可操作性强。参照托马斯（Thomas，2003）对学历教育的界定，首先设定各层级教育的教育年限：文盲（0）、小学（6）、初中（9）、高中（12）、大专（15）、大学本科（16）、研究生及以上（20），以接受各层级教育水平劳动者的数量占比为权数进行加权平均，计算结果的描述性统计分析参见表 3.1。

表 3.1　　　　　劳动力人力资本的描述性统计分析

年份	Mean	Std. Dev.	Min	Max
2004	8.632	1.057	7.062	11.475
2005	8.367	1.167	6.429	11.637
2006	8.431	1.223	6.544	11.867
2007	8.546	1.172	6.761	11.815
2008	8.659	1.111	6.971	11.731
2009	8.788	1.120	7.056	11.890
2010	9.137	1.002	7.477	12.239
2011	9.680	0.995	8.091	13.187

---

① 核密度函数估计是常用于分析变量分布特征的非参数统计分析方法，该方法将任意点 x 核密度估计定义为：$\hat{p}_n(x) = \frac{1}{nh}\sum_{i=1}^{n}K\left(\frac{x-x_i}{h}\right)$，$K(\cdot)$ 为核函数，x_i 为样本观测值，n 为样本观测值数量，h 为带宽。使用比较常见的 Epanechnikov 核函数，带宽的选择遵循均方误差最小的原则，采用基于数据的自动带宽，计算公式为：$h = 0.9n^{-1/5} \times \{s,\ (Q_{3/4}-Q_{1/4})/1.34\}$，s 为样本标准差，$Q_{1/4}$ 为下四分位数，$Q_{3/4}$ 为上四分位数。

续表

年份	Mean	Std. Dev.	Min	Max
2012	9.760	1.004	8.243	13.399
2013	9.832	0.978	8.469	13.207
2014	9.942	1.069	8.449	13.518
2015	10.070	1.081	8.171	13.386
2016	10.130	1.088	8.119	13.462

资料来源：根据《中国区域经济统计年鉴》《中国人口和就业统计年鉴》的相关数据计算得出。

一、劳动力人力资本的省际差异

劳动力人力资本具有直接的经济增长效应，而经济增长又会反过来促进产业结构升级，完善生产要素市场，形成合理的竞争性工资水平，吸引劳动力流入，产生人力资本的集聚效应，扩大增长水平不同地区的劳动力人力资本水平差异。改革开放之后，国家在不同阶段实施了区域偏好不同的开发战略，如西部大开发、中部崛起、振兴东北等，区域经济发展差距和要素集聚也呈现出动态变化，劳动力跨省就业的方向、规模顺势进行调整，其人力资本的区域分布表现出明显的阶段性特征。为说明劳动力人力资本的区域分布及其变动趋势，根据年度人力资本估算数据，估计2004年、2008年、2012年和2016年四个主要年份的核密度函数，结果参见图3.1～图3.4。

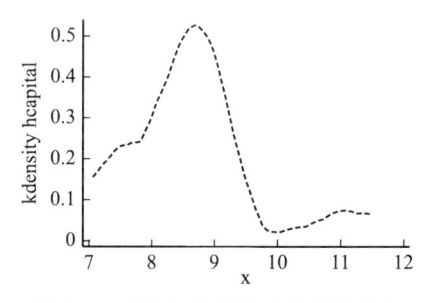

图3.1　2004年核密度函数估计结果

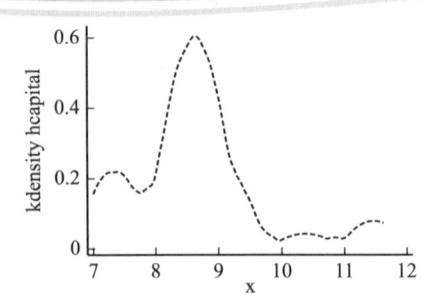

图 3.2　2008 年核密度函数估计结果

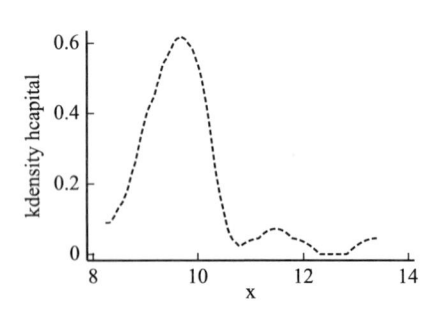

图 3.3　2012 年核密度函数估计结果

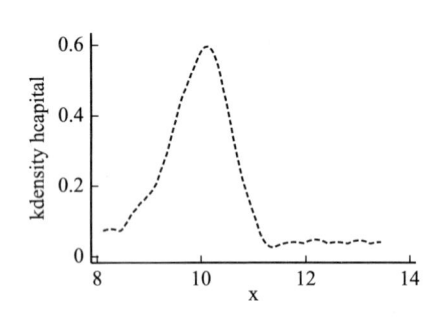

图 3.4　2016 年核密度函数估计结果

估计结果显示，主要年份的核密度函数曲线峰值随时间明显右移，说明劳动力人力资本的均值逐年提高，就业劳动力受教育水平、劳动技能相应提升。但图 3.1 至图 3.4 也显示四个年份的核密度函数曲线扁平度近似，说明劳动力人力资本的区域分化程度变化不大。2004 年、2008 年和 2012 年对应的核密度函数曲线均呈现出多峰态势和右偏情形，反映出这三年劳动力人力资本向不同均值集中，存在均值较高的部分省份，在一定程度上表明劳动力人力资本的俱乐部收敛态势。2016年的核密度曲线右偏趋势明显，说明存在少数劳动力人力资本较高的省份。

二、劳动力人力资本的省际空间相关

我国区域经济发展水平和就业市场发育程度表现出明显的梯度差异，东部沿海地区经济发展水平总体上高于中西部地区，要素市场也更为完善，至今这种不平衡的区域发展格局仍然非常显著，是制约国民经济高质量发展的主要因素之一。经济发展处于同一梯度的省份，工资水平和就业市场成熟度往往非常接近，劳动者跨省就业的方向也很相似，欠发达地区、劳动力规模大的省份通常是跨省就业的主要输出区域，而发达省份就业吸纳能力强，通常是跨省就业的主要输入区域。正如托普勒（Tobler, 1970）指出："所有事物都与其他事物相关联，但较近的事物比较远的事物更关联"，明确描述了事物在空间分布上可能存在的相关性。相比于相邻的地理位置，劳动力人力资本的空间相关与经济发展距离存在更密切的联系，因此，为从空间关联的角度揭示劳动力人力资本的区域分布，构建基于经济距离的空间权重矩阵，然后计算反应空间相关的莫兰指数①。以2004~2016年人均GDP均值之差绝对值的倒数构建空间权重矩阵（w_{ij}），计算公式为：

$$w_{ij} \frac{1}{|\overline{GDP_i} - \overline{GDP_j}|}$$

图3.5~图3.8显示莫兰指数值较大，尤其是2016年，莫兰指

---

① 全局莫兰指数计算公式如下：$I = \dfrac{\sum_{i=1}^{n}\sum_{j=1}^{n} w_{ij}(x_i - \bar{x})(x_j - \bar{x})}{S^2 \sum_{i=1}^{n}\sum_{j=1}^{n} w_{ij}}$，式中，$S^2 = \dfrac{\sum_{i=1}^{n}(x_i - \bar{x})}{n}$ 为样本方差，$\sum_{i=1}^{n}\sum_{j=1}^{n} w_{ij}$ 为空间权重之和，实际计算过程中将权重矩阵标准化。

数值为0.353，说明劳动力人力资本存在显著的空间相关，经济发展水平越接近的省份，劳动力人力资本水平也越接近。莫兰指数值递增表明2016年劳动力人力资本的空间相关特征强于2004年，这一结论与当前我国劳动力人力资本的区域分布状态基本契合。发达省份的高房价、高强度的工作压力虽然会倒逼部分劳动者转移到中西部省份就业，但未能从根本上改变劳动力转移就业向发达省份集聚的特征。

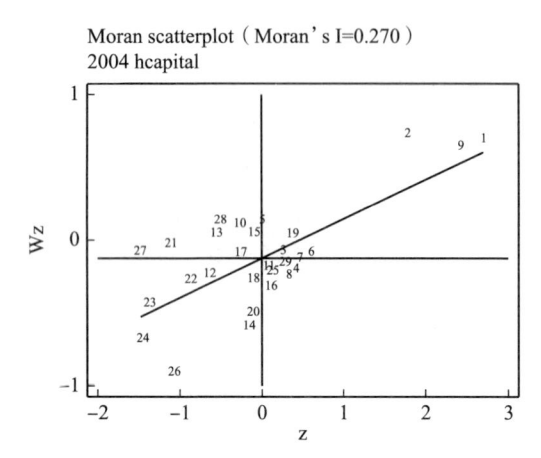

图3.5 2004年劳动力人力资本莫兰指数散点图

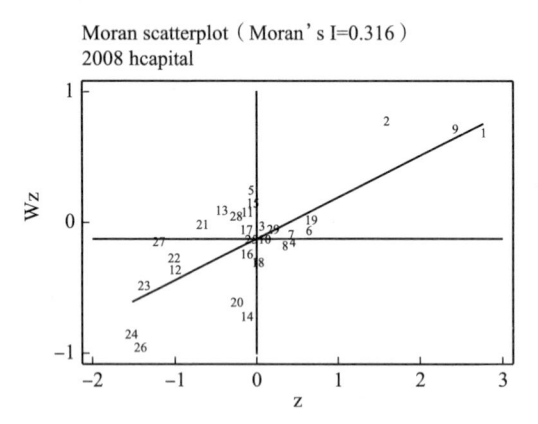

图3.6 2008年劳动力人力资本莫兰指数散点图

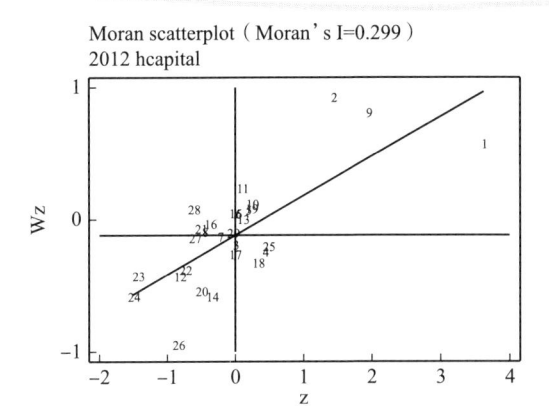

图 3.7　2012 年劳动力人力资本莫兰指数散点图

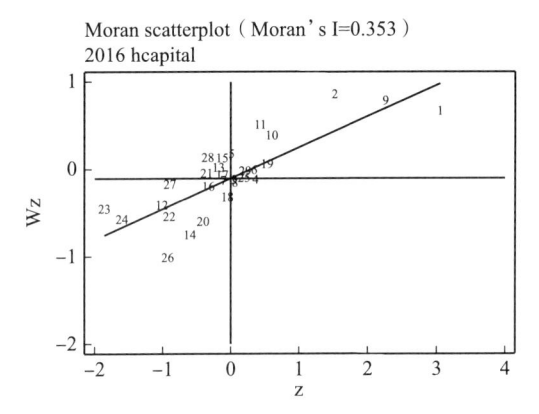

图 3.8　2016 年劳动力人力资本莫兰指数散点图

第四节　经验实证研究

一、教育财政对人力资本贡献的理论模型和研究假设

随机前沿分析方法（SFA）是人力资本生产函数的基准模型之一，描述了政府教育支出、私人教育支出与教育产出之间的函数关系，不但强调了要素投入的作用，也强调了由函数关系决定的产出效率：

$$HR_{it} = A_{it}(EG_{it})^{\beta_1}(EH_{it})^{\beta_2} \tag{3.1}$$

HR 为教育产出，即人力资本水平，EG 为政府教育支出，EH 为私人教育支出，β_1 和 β_2 为产出弹性，该教育生产函数将教育支出之外的其他因素全部归于 A，即前沿技术水平，包括社会制度、文化传统、经济体制等。$A_{it} = \exp(A_0 - u_{it} + v_{it})$，$u_{it}$ 为教育的技术效率指数，v_{it} 为随机扰动项，服从均值为零的正态分布。依据模型容易推出，在封闭的劳动力市场上，因为不存在就业的跨区转移，政府的教育财政支出会提高当地人力资本水平，两者呈现严格的正相关。然而，在一国范围之内，如果政府不设置外生的制度约束，作为生产要素的劳动力可以在工资差异的激励下实现跨区就业，在竞争性的劳动力市场上，最终导致工资差异消失。但如果劳动力市场为非竞争性市场，无法实现"同工同酬"，劳动力的跨区就业便会模糊教育财政支出与当地劳动力人力资本的正向关系。工资水平高的地区吸引人力资本高的劳动力流入，即便当地教育财政增长有限，劳动力人力资本仍可能远高于工资水平低的地区，而工资水平低的地区，教育财政增加虽然提高了本地人口的受教育水平，但就业向区外转移会减低本地劳动力的人力资本水平，教育财政的劳动力人力资本提升效应变弱，使工资水平高的地区获得本地教育财政支出的正外部性。可以推测，跨省就业导致地方政府教育财政支出与当地劳动力人力资本的正向关系变得不确定，跨省就业规模大的区域（净流入规模或净流出规模）教育财政与劳动力人力资本的正相关性弱于跨省就业规模小的区域。

二、变量说明和基准计量模型

计量模型的被解释变量为劳动力人力资本（hcapital），数据为前文的测算结果。核心解释变量为省级教育财政支出，总教育财政支出规模是体现政府教育支出行为最直接的指标，除此之外，教育财政支出努力程度也反映了政府对教育发展的支持意愿[①]，本章构建人均教育财政支出（aedu）和教育财政支出占 GDP 比重（geduratio）两个指标，

---

① 教育支出努力有多种评价指标，国际通用指标为公共教育经费占国民生产总值的比例，其他指标还包括生均公共教育经费占人均年收入比例等。

表征政府教育支出行为。借鉴相关理论和已有研究，将其他可能影响劳动力人力资本水平的宏观经济因素作为计量模型的控制变量，具体包括：经济发展水平——用人均地区生产总值表示（agdp）；产业结构——第三产业产值占地区生产总值比例表示（ssratio）；工资率——用城镇单位就业人员平均工资表示（wage）；市场化率——用 Krugman 发展的 LP 指数来表示（market），计算公式为：$\frac{1}{X_{it} \cdot Y_{it}}$，其中，$X_{it} = \left| \frac{output_{2t}}{output_t} - \frac{output_{i2t}}{output_{it}} \right|$，$Y_{it} = \frac{output_{i2t}}{output_{it}} / \frac{output_{2t}}{output_t}$，t、i、2 分别为时期、地区和第二产业，output 为产出，指标值越大，市场化率越低；FDI——用实际利用外商直接投资表示（fdi）；所有制结构——用国有（控股）工业企业产值占规模以上工业企业总产值的比例表示（structure）。为体现影响的地区差异，构建了核心解释变量与地区虚拟变量的交互项，与东部地区的交互项为 *_east，与中部地区的交互项为 *_middle[①]。数据为 2004~2016 年的省级面板数据（删除了西藏和海南），来源于《中国区域经济统计年鉴》《中国工业统计年鉴》《中国人口和就业统计年鉴》《中国统计年鉴》和各省历年统计年鉴等数据库，观测值共计 377 条。

为使数据更加平稳，在回归分析中对除虚拟变量之外的所有变量做取对数处理，基准计量分析模型为：

$$\ln\_hcapital_{it} = \ln\_x'_{it}\beta + z'_i\delta + u_i + \varepsilon_{it} (i = 1, \cdots, n; t = 1, \cdots, T)$$

$\ln\_hcapital_{it}$ 为劳动力人力资本，x_{it} 为包括教育财政支出在内的所有解释变量，z_i 为不随时间变动的个体特征，u_i 为代表个体异质性特征的截距项，ε_{it} 为随个体和时间变动的扰动项，假设与 u_i 不相关，服从独立同分布。根据豪斯曼检验结果，使用随机效应面板数据模型（u_i 与所有解释变量 $\ln\_x_{it}$、z_i 不相关），采用广义最小二乘法（FGLS）

---

① 东部地区包括北京、天津、河北、辽宁、上海、江苏、浙江、福建、山东、广东；中部地区包括山西、吉林、黑龙江、安徽、江西、河南、湖北、湖南；西部地区包括内蒙古、广西、重庆、四川、贵州、云南、陕西、甘肃、青海、宁夏、新疆。

估计模型参数。

三、实证结果分析

（一）地方人均教育财政支出对劳动力人力资本的贡献

表3.2中的模型（1）显示，人均教育财政支出参数估计结果在任何显著性水平上均没有通过检验，说明地方教育财政支出对劳动力人力资本的影响不显著，影响劳动力人力资本的因素包括工资率、第三产业产值占比、人均GDP和所有制结构。人均GDP、第三产业产值占比和所有制结构对当地劳动力人力资本水平均产生了促进作用，说明经济发展水平越高、产业结构以第三产业为主、国有企业产值对当地经济发展贡献越大的地区越容易吸引到高素质的劳动者。与直观认识不同，工资率对劳动力人力资本的影响为负，可能是因为高工资省份吸引了较多受教育层次较低的外来务工者，降低了当地劳动力人力资本的平均水平。加入人均教育财政支出与地区虚拟变量的交叉项之后，模型拟合度有所改善，R^2增加，模型（2）显示大部分变量参数估计结果与模型（1）没有显著差异，但是人均教育财政支出与中部地区虚拟变量的交叉项在1%的显著性水平上通过检验，而与东部地区的交互项在10%的显著性水平上通过检验，系数值均为正，说明中部地区教育财政支出对当地劳动力人力资本的贡献最显著，其次是东部地区，西部地区不显著。自2004年"中部崛起"发展战略提出以来，中部地区经济发展迅速，劳动力跨省就业输出规模的增长速度趋缓，愿意留在中部地区就业的劳动力数量增加，中部省份可以获得更多来自当地教育财政支出规模扩大的人力资本收益，提高了教育财政对当地劳动力人力资本的正向促进效应。东部地区是劳动力跨省就业的集中输入区域，获得中西部地区教育财政支出的正外部性，本地教育财政支出与劳动力人力资本正向相关的显著性变弱。西部地区作为跨省就业的主要输出区域的局面未发生根本转变，教育财政支出对当地劳动力人力资本的影响不显著。

表 3.2　以人均教育财政支出为核心解释变量的回归结果

解释变量	模型（1）全样本回归分析结果			模型（2）分地区回归分析结果		
	系数	标准差	p值	系数	标准差	p值
ln_aedu	0.012	(0.023)	0.609	0.018	(0.023)	0.433
aedu_east				0.008*	(0.004)	0.056
aedu_middle				0.010***	(0.004)	0.006
ln_wage	-0.127***	(0.038)	0.001	-0.123***	(0.038)	0.001
ln_fdi	-0.004	(0.004)	0.403	-0.006	(0.004)	0.161
ln_ssratio	0.108***	(0.036)	0.003	0.089**	(0.041)	0.029
ln_market	-0.004	(0.004)	0.284	-0.004	(0.004)	0.293
ln_agdp	0.249***	(0.024)	0.000	0.238***	(0.026)	0.000
ln_structure	0.075***	(0.016)	0.000	0.086***	(0.017)	0.000
constant	4.076***	(0.328)	0.00	4.187***	(0.353)	0.000
R^2	0.787			0.820		

注：括号中为标准误差，*、**、***、分别表示在10%、5%、1%的水平上显著，aedu_east、aedu_middle 分别为人均教育财政支出与东部、中部地区的交互项。

（二）地方教育财政支出努力对劳动力人力资本的贡献

表 3.3 中模型（3）的回归结果显示地方教育财政支出努力参数估计结果没有通过显著性检验，与表 3.2 中的模型（1）相似，表明其对劳动力人力资本的贡献并不显著，具有显著影响的解释变量仍然是工资率、第三产业产值占比、人均 GDP 和所有制结构，参数估计结果的数值与表 3.2 中的模型（1）存在微小差异。表 3.3 中模型（4）参数估计结果显示，加入交互项之后，总体上模型拟合度有所改善，教育财政支出努力与地区虚拟变量的交互项参数估计结果通过显著性检验，与中部、东部地区的交互项分别在 1% 和 5% 的显著性水平上通过检验，与中部地区交互项的参数估计值大于东部地区，说明中部地区教育财政支出努力对当地劳动力人力资本的贡献大于东部地区，在西部地区不显著。

表 3.3　　以教育财政支出努力为核心解释变量的回归结果

解释变量	模型（3）全样本回归分析结果			模型（4）分地区回归分析结果		
	系数	标准差	p 值	系数	标准差	p 值
ln_geduratio	0.004	(0.022)	0.874	0.012	(0.023)	0.597
geduratio_east				0.012**	(0.006)	0.043
geduraio_middle				0.013***	(0.004)	0.002
ln_wage	−0.115***	(0.036)	0.001	−0.106***	(0.036)	0.003
ln_fdi	−0.004	(0.004)	0.346	−0.007	(0.004)	0.107
ln_ssratio	0.104***	(0.036)	0.004	0.088**	(0.039)	0.025
ln_market	−0.004	(0.004)	0.312	−0.003	(0.004)	0.337
ln_agdp	0.255***	(0.025)	0.000	0.246***	(0.025)	0.000
ln_structure	0.075***	(0.016)	0.000	0.083***	(0.016)	0.000
constant	3.991***	(0.294)	0.000	3.995***	(0.295)	0.000
R^2	0.788			0.824		

注：括号中为标准误差，*、**、*** 分别表示在 10%、5%、1% 的水平上显著，geduratio_east、geduraio_middle 分别为教育财政支出努力与东部和中部地区的交互项。

表 3.2 和表 3.3 的参数估计结果说明，无论是以人均教育财政支出还是以教育财政支出努力为核心解释变量，回归分析的结果非常相似。全样本的回归分析结果均无法证明地方政府教育财政支出显著影响了当地劳动力人力资本，分地区的回归分析结果表明，处于经济增长上升期、跨省就业规模有所改善的中部地区，教育财政支出显著提高了当地劳动力人力资本，相比之下，跨省就业输入规模较大的东部地区，教育财政支出对当地劳动力人力资本的贡献度降低，跨省就业输出规模大的西部地区，教育财政对当地劳动力人力资本不存在显著影响。

四、稳健性检验

劳动力人力资本积累有利于促进区域经济增长，使地方政府具有更强的财政实力发展教育,因此劳动力人力资本可能存在对地方教育财政的反向因果关系,导致内生性问题出现,降低模型参数估计结果的有效性,带来有偏或非一致参数估计量。为保证参数估计结果的可靠性和稳健性,本章使用工具变量法重新估计模型参数,核心解释变量的工具变量为地方教育财政支出占总财政预算支出之比(feduratio),参数估计结果参见表3.4。

表3.4　以教育财政支出占总财政预算支出之比为工具变量的回归结果

解释变量	模型(5)全样本回归分析结果			模型(6)分地区回归分析结果		
	系数	标准差	p值	系数	标准差	p值
ln_feduratio	−0.016	(0.025)	0.519	−0.030	(0.026)	0.248
feduratio_east				0.008**	(0.004)	0.040
feduratio_middle				0.012***	(0.003)	0.001
ln_wage	−0.107***	(0.026)	0.000	−0.076**	(0.030)	0.012
ln_fdi	−0.004	(0.004)	0.359	−0.007*	(0.004)	0.093
ln_ssratio	0.102***	(0.034)	0.003	0.086**	(0.038)	0.022
ln_market	−0.004	(0.004)	0.307	−0.003	(0.004)	0.371
ln_agdp	0.250***	(0.023)	0.000	0.230***	(0.025)	0.000
ln_structure	0.074***	(0.016)	0.000	0.080***	(0.016)	0.000
constant	4.121***	(0.350)	0.000	4.177***	(0.348)	0.000
R^2	0.786			0.823		

注:括号中为标准误差,*、**、***分别表示在10%、5%、1%的水平上显著,feduratio_east、feduratio_middle分别为财政性教育支出占总财政预算支出之比与东部和中部地区的交互项。

与表3.2和表3.3的参数估计结果相比,表3.4中模型(5)和模型(6)显示各变量参数估计结果的显著性和数值符号未发生变化,仅改变了参数数值。从全样本回归分析结果来看,地方教育财政支出没有显著影响到劳动力人力资本水平,加入交互项之后的回归分析结果说明,中部地区教育财政支出对当地劳动力人力资本的贡献最大,其次是东部地区,在西部地区不显著,与前文的结论一致。

第五节 结论与政策建议

  本章在考虑我国跨省就业规模较大的现实背景下,从理论上分析了地方政府教育财政对劳动力人力资本的贡献,揭示了劳动力人力资本的区域分布及其动态变化,利用省级面板数据和加入交互项的随机效应模型进行实证研究。全样本实证研究结论表明,地方教育财政支出并没有显著影响到劳动力人力资本水平,分地区样本的实证研究结论表明,地方教育财政支出对劳动力人力资本的贡献与跨省就业转移净规模相关。中部省份在"中部崛起"战略实施之后,充分利用区位优势和资源优势,经济增长速度较快,就业吸纳能力增强,选择在当地就业的劳动力数量增加,并且吸引了更多高端劳动力的流入,跨省就业转移净规模逐步缩小,教育财政与劳动力人力资本的正向相关性在三大区域中表现最强。实证研究体现出来的地方教育财政对劳动力人力资本的区域异质性贡献证实了在劳动力市场逐渐整合的背景下,区域劳动力人力资本水平不但受到教育财政支出规模的影响,还与跨省就业转移规模相关,支持了理论分析提出的研究假设,基于工具变量法进行的内生性处理表明研究结论是稳健的。

  政府教育财政支出对当地劳动力人力资本的贡献决定了教育财政的经济增长效应,而跨省就业显著提高了地方教育财政的空间溢出效应,在一定程度上降低了政府的教育支出激励,不利于改善区域经济增长不平衡的现状。提高经济增长质量、缩小区域经济增长差距已成为我国经济改革的重中之重,应充分发挥劳动力人力资本对提升生产要素的边际产出率、促进技术进步、改善要素错配的积极作用。基于研究结论,本章分析认为要提高劳动力人力资本水平,各地方政府在扩大教育财政支出规模的同时,还需要积极地完善当地就业市场,减少人力资本配置扭曲,对于欠发达地区而言,需要形成合理的工资定价机制,缩小与发达地区的工资差距,留住本地各层级教育培养的人才，减少高层次人才到外省就业，同时吸引人才到本地就业。

参考文献

[1] 蔡昉. 劳动力迁移的两个过程及其制度障碍 [J]. 社会学研究，2001，(4)：44-51.

[2] 刘华，鄢圣鹏. 财政性教育投入对人力资本形成的实证分析 [J]. 财贸经济，2004，(9)：65-67.

[3] 钱雪亚，缪仁余，胡博文. 教育投入的人力资本积累效率研究——基于随机前沿教育生产函数模型 [J]. 中国人口科学，2014，(2)：74-83，127.

[4] 秦惠民，王名扬. 家庭流动作为高等教育溢出效应的理论阐释与实践类型分析 [J]. 中国高教研究，2016，(10)：27-32.

[5] 王星. 非参数统计 [M]. 北京：中国人民大学出版社，2005：210-219.

[6] 严全治，张倩倩. 省级政府对高等教育投入努力程度的实证研究 [J]. 教育与经济，2010，(3)：17-20.

[7] 杨超，吴蓓茊. 义务教育投入对人力资本贡献的时滞性与实证检验 [J]. 财政研究，2008，(5)：46-48.

[8] 姚洋，崔静远. 中国人力资本的测算研究 [J]. 中国人口科学，2015，(1)：70-78，127.

[9] 张永丽，刘富强. 劳动力流动对流动者人力资本形成的效应探析 [J]. 人口与经济，2010，(1)：27-33.

[10] 赵晶晶. 我国高校毕业生就业流动研究——基于空间流动网络的视角 [J]. 教育发展研究，2016，(3)：45-51.

[11] 赵伟，李芬. 异质性劳动力流动与区域收入差距：新经济地理学模型的扩展分析 [J]. 中国人口科学，2007，(1)：27-35，95.

[12] Becker G. Human Capital (2nd ed) [M]. The University of Chicago Press, 1975.

[13] Bowles, Samuel, Gintis Herbert, and Osborne Melissa, "The Determinants of Earnings: A Behavioral Approach" [J]. Journal of Eco-

nomic Literature, 39.4 (2001): 1137 – 176.

［14］Coelli T., et al. An Introduction to Efficiency and Productivity Analysis [M]. Springer US, 2005.

［15］Cunha, F., Heckman, J. J., & Schennach, S. M., "Estimating the technology of cognitive and noncognitive skill formation" [J]. Econometrica, 78, 3 (2010): 883.

［16］Denison E F. The sources of economic growth in the United States and the alternatives before us [M]. New York: Committee for Economic Development, 1962.

［17］Jayasuriya R, Wodon Q, "Measuring and Explaining Country Efficiency in Improving Health and Education Indicators". Published in: Efficiency in Reaching the Millennium Development Goals. World Bank Working Paper. No. 9: 5 – 16.

［18］Schultz T. W., "Investment in human capital" [J]. American Economic Review, 51, 2 (1961): 1 – 17.

［19］Thomas V, Wang Y, Fan X, "Measuring Education Inequality: Gini Coefficients of Education for 140 Countries, 1960 – 2000" [J]. Journal of Education Planning and Administration17, 1 (2003): 5 – 33.

［20］Tobler, W. R. "A Computer Movie Simulating Urban Growth in the Detroit Region" [J]. Economic Geography, 46 (1970): 234 – 240.

第四章

财政性教育投入、人力资本流动与 FDI 区位选择

在满足严格假定的条件下,财政性教育投入可以通过提高人力资本水平吸引 FDI 进入,然而当存在区域工资差异,并且人力资本可以跨区流动,这一效应就会变得不确定。本章利用省级面板数据,采用固定效应模型验证各层级财政性教育投入对不同类型 FDI 区位选择的影响,研究发现:高等教育投入和基础教育投入对制造业 FDI 的影响均不显著;高等教育投入对生产性服务业 FDI 的影响不显著,基础教育投入对生产性服务业 FDI 产生了正向的影响;基础教育投入与高等教育投入虽然都影响到了非生产性服务业 FDI,但系数为负,与经典理论假说不符。总体上仍然是传统因素影响 FDI 的区位选择,各层级财政性教育投入并没有帮助到本地区 FDI 的进入。

第一节 引 言

随着经济发展水平的提升,全国财政性教育投入逐年增加。在国家倡导的教育均衡化发展战略激励下,各省也相应地增加了财政性教育投入,但增长幅度不同。2013 年省级财政性教育投入的变异系数为

0.61，相比2004年上升了0.05①，说明省级财政性教育投入离散程度有所加强，不同省份财政性教育投入的差异变得更大。在中国，财政性教育投入是教育投入的主要来源，2004年财政性教育投入占总教育投入额的比例为61.66%，2013年这一比例为80.65%，呈显著上升趋势。在财政性教育投入中，地方政府是主要投入主体，2004年地方政府的财政性教育投入占总财政性教育投入的90.62%，2013年该比例上升到93.32%②。占投入主导地位的地方政府必将考虑财政性教育投入会影响经济发展的哪些方面？教育收益受到哪些因素的制约？③

教育与经济发展的互动机制一直是学界讨论的重要话题，核心观点之一是教育投入有利于提升当地的人力资本水平，改善人力资本结构，这是教育投入作用于经济发展的最重要途径。然而，在劳动力和人力资本流动性越来越强的背景下，一地区未必能享受本地教育投入带来的所有好处，同时也未必只得益于本地区的教育投入，地区教育投入与本地经济发展的关系可能与经典研究假说不符。改革开放之来，我国各级政府逐步放松对劳动力流动的管制，20世纪90年代末，大学生就业体制发生根本性变革，毕业生可以在工资差异的激励下自由选择就业区域，不再是囿于传统分配体制下的被动选择，这可能会降低地区教育投入与当地劳动力人力资本水平的相关程度。本章计算了2004～2013年教育投入与本地劳动力（非人口）人力资本的相关系数（见图4.1），两者呈弱相关，并且相关系数的总体趋势递减。

---

① 依据《中国区域经济统计年鉴》相关数据计算得到，变异系数的计算方法：$V_x = \sqrt{\frac{1}{n}\sum_{i=1}^{n}(x_i - E_x)^2} \Big/ \frac{1}{n}\sum_{i=1}^{n}x_i$，后文中的计算也用此公式。

② 依据《中国教育经费统计年鉴》中相关数据计算得到。

③ 以高等教育投入为例，对于经济发展水平不高、部属院校不多的省份，财政性高等教育经费大部分由省级财政支付，对于政府而言，应该会评估教育投入带来的收益，并辅之以相关制度进行干预。

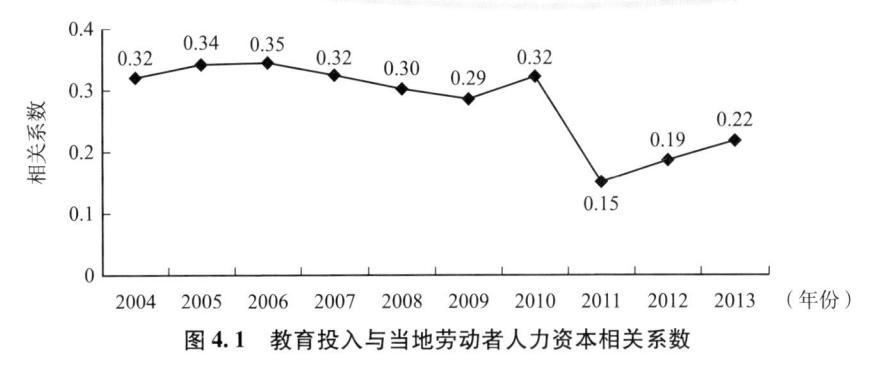

图 4.1　教育投入与当地劳动者人力资本相关系数

注：教育投入为各省财政支出中的教育经费投入项，人力资本是根据一般的计算方法：首先分别设定文盲（0）、小学（6）、初中（9）、高中（12）、大专（15）、大学本科（16）、研究生（20）层级教育的年限，然后以当地劳动者中接受各层级教育的人口占比为权数，进行加权平均。

资料来源：《中国区域经济统计年鉴》《中国劳动统计年鉴》《中国人口与就业统计年鉴》。

教育投入可能影响到经济发展的诸多方面，其中之一便是受人力资本影响较大的国际直接投资（FDI）。改革开放初期，FDI 改善了国内资本不足、技术落后和管理效率低下等制约经济发展的不利条件，随着规模的扩大和结构的改善，FDI 也逐渐通过技术溢出、贸易拉动等途径影响经济增长，FDI 的差异甚至成为区域经济增长差异的来源（魏后凯，2002；杨晓丽等，2013）。近年来，进入国内的 FDI 规模不断扩大，但区域分布不均衡，东部地区 FDI 规模明显高于中西部地区。经典理论认为人力资本存量和结构是影响 FDI 区位选择的重要因素，然而劳动力流动导致的人力资本跨区流动使得地区教育投入未必对当地 FDI 的流入产生正向的影响。本章首先基于人力资本视角从理论上分析财政性教育投入与 FDI 区位选择存在的因果关系，继而基于省级面板数据实证研究各层级财政性教育投入对不同类型 FDI 区位选择的影响，试图揭示出财政性教育投入对经济发展的复杂影响。

第二节 文献综述

人力资本理论的开创者舒尔茨（Schultz）、贝克尔（Becker）认为人力资本与物质资本一样，是经济增长的源泉，他们将人力资本默认为"认知能力"（周金燕，2015），但是基于"认知能力"的人力资本差异并不能解释所有的收入差距，人力资本的内涵延伸到了"非认知能力"（Bowles et al., 2001）。无论是基于认知能力还是非认知能力的人力资本，均无法对其进行完全准确的测度。相对于人力资本的测度，研究者似乎更关心人力资本的投资和回报。教育投入、在职培训、身体保健等可以提升和保持生产能力的方式均可提高人力资本，不可否认教育投入在其中处于主导地位（Schultz, 1961；Becker, 1975）。提升和改善人力资本是教育贡献于经济增长的主要途径（Lucas, 1988；Romer, 1986），另外，斯宾塞（Spence, 1973）认为教育作为劳动者能力的披露机制，在不完全的劳动力市场上有助于确定合理的工资水平，提高劳动力配置效率，间接地促进经济增长。实证研究方面，刘晔和黄承键（2009）、弗莱舍等（Fleisher et al., 2010）认为均衡化的教育发展战略可以提升地区人力资本水平，缩小经济增长差异，但是有研究认为教育投入的经济增长效应并不显著，与经济发展所处阶段相关（陆铭等，2005；姚先国和张海峰，2008）。不同层级教育投入形成的人力资本不同，罗默（Romer, 1990）认为初级教育和高等教育形成的人力资本外溢性不同，对人力资本进行分级，黄燕萍等（2013）借鉴这一思想，将不同层级的教育投入作为各级人力资本的代理变量，分析其对经济增长的贡献，类似的研究还有邹薇和张芬（2006）。

国内外已有丰富的文献研究 FDI 的区位选择问题，从不同角度解释 FDI 的区域分布。从 20 世纪 60 年代创立的垄断优势理论到国际生产折衷理论，纳入实证研究框架的影响因素逐渐增多。以邓宁（Dunning, 1977）为代表的综合派认为跨国公司在选择投资区位时综合考虑所有权优势、内部化优势和东道国区位优势。然而，基于双边框架的国际投资理论无法解释诸如替代进出口型 FDI 未减反增的现象，FDI 区位选择研究逐步扩展到考虑包括产业聚集在内的空间效应（Baltagi et al.，2005；何兴强和王利霞，2008）。关于 FDI 在国内的区位选择研究大致分为两类：（1）对总体 FDI 区位选择影响因素的研究，关注投资目的地的经济发展、地理位置、要素成本、基础设施、制度、人力资本、产业布局等。杨晓明等（2005）认为人均 GDP、土地成本、聚集效应、交通状况和教育水平是造成三大经济圈和中西部 FDI 差异的核心因素。许和连等（2012）发现 FDI 存在明显的"路径依赖"和集聚效应，文化差异对 FDI 空间分布格局的影响日益凸显，而地理位置的影响逐渐减弱。总体 FDI 区域分布影响因素的研究还包括王立平等（2006）、李汉君（2011）、韦开蕾和许能锐（2011）、赵果庆和罗宏翔（2012）等。（2）随着 FDI 进入方式和产业结构的演进，研究者开始对 FDI 进行细分，专注于研究影响某一类 FDI 区位选择的因素。田素华、杨烨超（2012）将 FDI 分为"成本追逐型"和"市场导向型"，并分别研究了两类 FDI 区位选择的影响因素。还有研究考虑了制造业 FDI 和服务业 FDI 区位选择的差异，王晶晶、黄繁华（2013）分析了产业集聚对服务业 FDI 进入的影响，刘军、王恕立（2015）从沟通成本角度分析了跨国服务企业 FDI 的动机，类似的研究还包括唐宜红和王林（2012）、杨仁发和刘纯彬（2012）等。

投资目的地的人力资本是影响跨国公司 FDI 区位选择的重要因素，人力资本的差异导致了 FDI 规模、行业以及对经济增长贡献方式的不同（Borensztein et al.，1998；代谦、别朝霞，2006；沈坤荣、田源，2002），随着服务业尤其是生产性服务业 FDI 规模的扩大，人力资本影响 FDI 的权重增强（Ramasamy & Yeung，2010）。教育是提高区域人力资本的主要途径，然而考虑到经济发展水平、劳动力流动、教育质量等因素，教育投入对 FDI 的影响并不确定。张俊（2005）认为高等教育投入有利于扩大 FDI，而熊文渊（2013）发现 FDI 和公共教育投入是负相关的。教育投入对 FDI 存在多种影响机制，并可能存在逆向因果关系（何颖，2011），李品芳、陈飞翔（2010）认为教育投入有助于增强 FDI 在我国的技术转移效应，肖兴志、王海（2013）研究却发现教育水平的提升没有使得 FDI 创新溢出效应增加。

总结已有研究可以发现：（1）直接将 FDI 国别区位选择的研究范式应用于 FDI 国内区位选择研究，将劳动力市场假定为封闭的竞争性市场，忽略了人力资本的国内流动强于国际流动的事实；（2）在分析教育投入对相关经济变量的影响时，用当地人口的平均受教育年限来度量人力资本水平，以此彰显教育投入的作用[①]，忽略了影响路径成立的前提；（3）将教育投入的人力资本提升效应简单加总为一个整体，忽略不同层级教育投入的差异。相较于已有的研究，本章的创新之处在于考虑了工资和就业环境差异引起的人力资本跨区流动，研究各层级财政性教育投入对不同类型 FDI 区位选择的影响，并试图提供理论上的解释。

第三节　财政性教育投入与 FDI 区位选择：基于人力资本视角

一、理论分析与模型

不同层级教育培养的人力资本级别不同，对不同类型 FDI 区位选择的影响必然存在差异。高等教育的主要职能是人才培养、技术研发和社会服务，其中人才培养被放在各项职能首位[②]。王建华（2013）认为在知识社会中，高等教育的定位应该突破传统，作为知识的孵化器，也称为知识产业化和产业知识化的中介。高等教育的这些职

[①] 当前的研究对地区人力资本的计算方法有两种，一种是利用当地人口的受教育程度来作为人力资本的代理变量，还有一种是利用当地的劳动者受教育程度来计算，在存在劳动力流动的情况下，前一种测算法则并不准确。

[②] 从高等教育的职能来看，其影响 FDI 的途径并不仅仅是通过培养人才、提高人力资本水平实现，也可以通过提升当地的技术研发能力、推动科技进步和改善当地的投资软环境等方面为 FDI 提供良好的外部条件。

能定位体现了其对提升人力资本规模和质量的贡献。与具有一定专业技能培养性质的高等教育不同，基础教育属于通识教育，旨在培养具有健全人格和学习能力的合格公民（程斯辉，2004），为职场和更高层级的学习奠定基础。虽然基础教育不直接培养专业人才，却为提升终身学习能力、培养研究能力、掌握和使用专业知识等方面做出准备，基于这一视角，基础教育也会通过人力资本积累影响FDI 的区位选择。

本章以代表性企业作为决策主体，其投资目的地可选择人力资本水平不同的两个地区，通过比较投资利润来确定国际投资的区位。假定代表性跨国企业的利润函数为：

$$\pi_i = (1 - \tau_i) PY_i - C(r_i, h_i, w_i, Y_i) - F$$

生产成本函数为：

$$C(r, h, w, Y) = \lambda r^{\alpha} [h(education)]^{\beta} w^{1-\alpha-\beta} Y^{\gamma}$$

τ_i 为 i 地区的税率，P 为商品销售价格，Y_i 为在 i 地区的产量，C 为税后成本函数，r_i 为物质资本要素价格，education 为财政性教育投入，h_i 为人力资本要素价格，是财政性教育投入的递减函数，即 $h'(education) < 0$，w_i 为普通劳动力工资水平，F 为生产活动的固定成本，$\lambda = \lambda(policy, infrastructure, \cdots\cdots)$。通过比较不同地区的投资利润 π_i，跨国企业确定投资区位，倘若生产函数和成本函数符合经典假定，可推导出 $\pi'(education) > 0$，由此引申出以下两个研究假说：

研究假说 1：在封闭型完全竞争的区域劳动力市场上，财政性教育投入可以提高本地区人力资本存量，增加人力资本供给，降低要素价格，节约跨国企业生产成本，对于 FDI 尤其是人力资本依赖型 FDI 具有更强的吸引力。

研究假设 2：财政性教育投入有利于提高区域人力资本存量，基础教育比高等教育培养的人力资本级别低，当不存在人力资本跨区流动时，基础教育投入有利于整体 FDI 的流入，高等教育投入对高级别人力资本依赖型的 FDI 流入发挥显著的正向作用。

二、推论性研究假说

地区财政性教育投入与当地 FDI 的正向关系成立的前提是：（1）生产要素市场是完全竞争市场（同工同酬），或是在政府干预下封闭的要素市场；（2）不考虑除人力资本之外其他影响 FDI 区位选择的因素。受传统经济体制的影响，我国要素市场发育程度有限，资本市场和劳动力市场均存在不同程度的扭曲。以劳动力市场为例，户籍管理制度降低了具有本地户籍居民的保留工资，相应地提高了外来务工者的保留工资，加之低效制度带来的其他转移成本，同工同酬的定价机制难以实现。我国劳动力市场扭曲程度严重，劳动者的实际工资通常低于其边际产出。近年来政府通过制定和完善各种政策（比如户籍准入、农民工子女教育、社会保障体系等）进一步放松对劳动力流动的管制，但并未完全消除劳动力市场扭曲（谢嗣胜和姚先国，2004；张杰等，2011）。由于经济发展水平和制度的差异，劳动力市场扭曲存在明显的地区差异，在制度相对完善的东部地区，扭曲程度较低，实际工资水平更接近于劳动力的边际产出，而中西部地区的扭曲程度相对较高。

低于边际产出的工资可以节约劳动力成本，跨国企业可充分利用廉价劳动力优势，有利于 FDI 的进入，但是较低的工资水平也有可能会降低劳动者的劳动意愿，降低当地的劳动力供给，并以此降低资本所得，抑制 FDI 的流入（冼国明和徐清，2013）。也就是说，即便中西部地区工资水平低，如果不足以弥补其他条件的劣势（比如基础设施建设、金融环境、政府效率等），FDI 仍然愿意支付更高的工资选择在东部地区投资。各省财政性教育投入规模的扩大，虽然可以改善当地经济发展的软环境，如人力资本水平、研发能力等，但由于就业环境和劳动力不能获得合理的工资（同工不同酬）等原因，劳动力可能会从中西部地区流入到东部地区，各省均无法从财政性教育投入中得到对等的收益，东部地区可以获得中西部地区财政性教育投入带来的正外部性。由此，本章推导出以下两个研究假说：

推论 1：由于同质劳动力在不同区域获得的工资不同，人力资本存在较大规模的跨区流动，教育均衡化发展战略虽然可以缩小区域教育投入的差异，但由于人力资本的可流动性，各层级财政性教育投入对本地 FDI 流入的影响不确定。

推论 2：在工资水平较高、其他 FDI 影响因素较优越的地区，FDI 的流入不仅得益于本地财政性教育投入的增加，也将得益于那些平均工资水平较低地区递增的财政性教育投入；在工资水平较低的地区，财政性教育投入增加所形成的人力资本未必能激励 FDI 流入。

第四节 财政性教育投入影响 FDI 区位选择的经验实证

国内 FDI 除了区域分布不均衡之外，行业格局也发生了显著的变化，服务业 FDI 已经远远超过制造业 FDI，成为进入规模最多的行业。2004 年，全国制造业 FDI、生产性服务业 FDI、非生产性服务业 FDI 占总 FDI 的比例分别为 70.95%、10.39%、12.79%，而到 2013 年，占比分别为 38.74%、28.96%、27.36%，服务业 FDI 的占比超过了制造业。各行业 FDI 占比的演变趋势参见图 4.2。

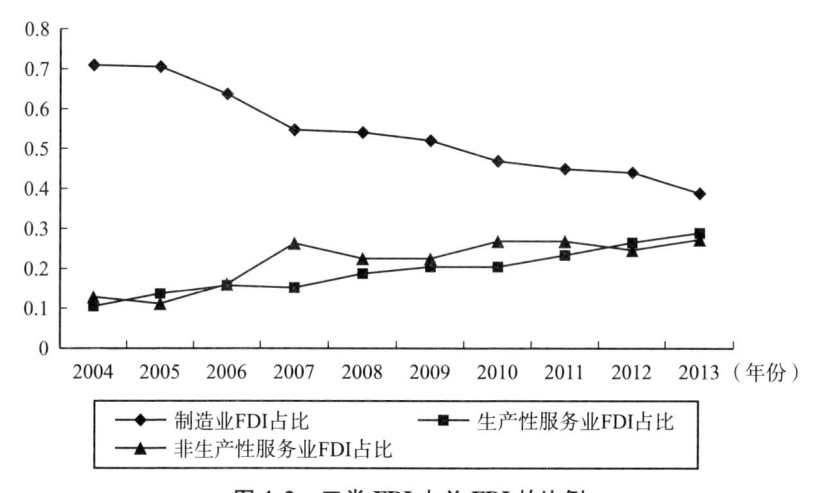

图 4.2 三类 FDI 占总 FDI 的比例

资料来源：国家统计局统计数据库。

一、研究设计

给定要素价格,不同的产业要素密集度不同,依据生产过程中要素投入比例,通常将产业区分为劳动密集型、资本密集型和技术(或知识)密集型三类,各产业在选择投资区位时考虑的关键因素存在差异。与制造业不同,服务业具有技术和知识密集型特征,尤其是一些生产性服务型行业对技术水平和专业知识的要求更高,这些产业的 FDI 在选择投资区位时对当地的人力资本、技术研发和创新能力要求较高。基于这一思路,在定量分析财政性教育投入对 FDI 区位选择的影响时,为体现行业要素投入的异质性,除了均加入高等教育投入和基础教育投入作为核心解释变量之外,分别加入不同的控制变量。本文将 FDI 分为三种类型:制造业 FDI(mfdi)、生产性服务业 FDI(pfdi)、非生产性服务业 FDI(npfdi)[①]。各类 FDI 描述性统计分析结果参见表 4.1。

本章的数据为 2004~2013 年的省级面板数据,剔除部分数据缺失省份,最终可用数据来源于 21 个省份[②]。基准计量模型如下:

$$\ln fdi_{i,t} = \alpha \ln education_{i,t} + \beta_k \sum_k x_{i,t}^k + \gamma_i + \theta_i + \varepsilon_{i,t}$$

上式中,$fdi_{i,t}$ 为各省实际利用的直接投资金额,$education_{i,t}$ 为财政性教育投入,$x_{i,t}^k$ 为控制变量,γ_i 为时间效应,θ_i 为省级固定效应,$\varepsilon_{i,t}$ 为随机误差项。

---

① 中间需求率超过 50% 的服务业为生产性服务业,本书所指的生产性服务业部门包括:交通运输及仓储业,邮政业,信息传输、计算机服务和软件业,批发和零售贸易业,金融保险业,租赁和商务服务业,科学研究事业,综合技术服务业。扣除生产性服务业之外的其他服务行业为非生产性服务业。

② 剔除数据的省份包括山西、吉林、上海、福建、湖南、海南、四川、西藏、青海、宁夏。

第四章 财政性教育投入、人力资本流动与 FDI 区位选择

表 4.1　三类 FDI 描述性统计结果　　　　　　　　　　　　　　　　　单位：亿元

年份	Obs	mfdi Mean	mfdi Std. Dev.	mfdi Min	mfdi Max	pfdi Mean	pfdi Std. Dev.	pfdi Min	pfdi Max	npfdi Mean	npfdi Std. Dev.	npfdi Min	npfdi Max
2004	13	190.36	274.39	0.94	831.42	13.66	18.52	0.04	47.59	21.08	24.73	0.17	82.06
2005	19	194.98	282.98	1.44	895.76	28.15	38.98	0.11	123.76	31.05	33.33	0.12	96.28
2006	20	225.58	305.67	0.80	1090.00	35.79	53.88	0.15	193.76	46.02	48.93	0.67	158.26
2007	20	241.36	315.93	1.75	1200.00	41.39	55.14	0.27	172.52	86.02	105.79	0.70	329.02
2008	20	224.35	305.21	1.08	1220.00	59.61	76.67	0.31	226.11	85.10	98.13	0.17	325.45
2009	19	236.56	302.17	1.14	1180.00	80.91	96.17	0.44	291.46	86.43	97.99	0.17	330.83
2010	20	260.33	306.07	0.59	1250.00	92.22	106.67	1.47	326.14	109.51	147.13	0.02	610.55
2011	20	295.21	311.07	0.50	1210.00	107.12	112.62	0.80	347.06	123.64	157.23	0.03	564.37
2012	20	315.10	358.10	0.59	1410.00	119.56	114.91	0.07	373.50	114.86	121.16	0.00	415.09
2013	21	309.33	307.11	0.09	1080.00	122.09	139.29	1.77	434.44	128.93	131.06	0.00	462.91

资料来源：根据 21 个省份统计年鉴相关数据计算得出。

87

二、变量选择和数据

1. 被解释变量

制造业 FDI（mfdi）、生产性服务业 FDI（pfdi）和非生产性服务业 FDI（npfdi），生产性服务业 FDI 和非生产性服务业 FDI 将对应的子项目进行加总得到。

2. 核心解释变量

财政性高等教育投入（heducation）、财政性基础教育投入（beducation），财政性高等教育投入用预算内生均教育经费支出（高等学校）度量，财政性基础教育投入用预算内生均教育经费支出（地方普通中学与地方普通小学之和）度量。

3. 控制变量

（1）财政性教育投入与地理位置的交互项（edu & location）。地理位置对 FDI 的区位选择产生显著的作用，在改革开放初期，东部沿海地区的区位优势是吸引 FDI 引入的主要影响因素，本章设立财政性教育投入与地理位置的交互项（eduelocation：财政性教育投入与东部地区的交互项；edumlocation：财政性教育投入与中部地区的交互项），反映财政性教育投入在不同地区对 FDI 的影响。

（2）财政性教育投入与时间的交互项（edu & year）。考虑到全球投资与贸易受美国次贷危机的影响，加入时间与财政性教育投入的交互项，以考查次贷危机前后不同的特征，2008 年之前为 0，2008 年之后为 1。

（3）经济发展水平（agdp）。经济发展水平越高的地区，制度相对完善，政府效率更高，用地区人均国内生产总值表示。

（4）对外开放度（open）。该指标反映地区经济开放程度，用地区进出口贸易总额除以当地 GDP 总值表示。

（5）基础设施建设（infrastructure）。良好的基础设施可以改善地区投资环境，节约企业生产成本，不同类型的 FDI 对基础设施的要求存在差异，本章用高速公路除以当地国土面积，即高速公路的布局密度来表示基础设施的建设情况，数值越大，基础设施越完善。

（6）市场化水平（market）。市场化越高的地区，商品市场和要素市场越完善，对本地企业的保护程度越低，外资企业面临更加公平的市场竞争环境，从而激励 FDI 的进入。市场化水平衡量的指标较多（葛小寒等，2009；樊纲等，2011），本章用 Krugman 发展的 LP 指数来间接反映市场化水平，计算公式为：$\dfrac{1}{X_{it} \cdot Y_{it}}$，其中，$X_{it} = \left| \dfrac{output_{2t}}{output_t} - \dfrac{output_{i2t}}{output_{it}} \right|$，$Y_{it} = \dfrac{output_{i2t}}{output_{it}} \Big/ \dfrac{output_{2t}}{output_t}$，t、i、2 分别为时期、地区和第二产业，output 为产出，指标值越大，地方保护越严重，市场化程度越低。

（7）经济增长的稳定性（stability）。经济增长趋势越平稳的地区，投资的系统性风险越小，投资收益越有保障，可以促进 FDI 的进入。本章用地区近五年实际 GDP 增长率的变异系数度量经济增长的稳定性，计算方法同上。

（8）劳动力成本（labor）[①]。对于劳动密集型产业 FDI，劳动力成本直接决定了外资企业的生产成本。近年来，随着农村剩余劳动力的减少以及人口老龄化进程的加快，劳动力成本显著上升，一些企业已经逐步向中西部迁移，甚至转移到比中国工资水平更低的国家。本章用相关行业在岗职工的平均工资来度量劳动力成本。

[①] 由于本章将 FDI 分为三类，在针对不同类型 FDI 回归分析中，选择的是对应行业的劳动力成本，比如在分析制造业 FDI 影响因素时，劳动力成本用制造业城镇单位在岗职工平均工资度量，而生产性服务业 FDI 和非生产性服务业 FDI 的劳动力成本分别用的是两个行业下包含的相应行业的平均工资水平表示。

(9) 行业发展水平（行业 gdp）。行业发展水平一定程度上体现了该行业在当地的聚集程度以及当地是否存在有利于该行业发展的比较优势，比较优势的存在是吸引 FDI 进入的重要因素。本章用行业增加值度量行业发展水平①。

(10) 居民消费水平（consumption），体现地区居民的消费能力，用地区居民消费支出度量。

本章的数据主要来源于《中国教育经费统计年鉴》《中国人口与就业统计年鉴》《中国劳动统计年鉴》《中国区域经济统计年鉴》以及中经网统计数据库。

三、经验检验结果分析

根据豪斯曼检验结果，本章使用固定效应面板数据模型估计参数，在回归分析中，为使数值平稳，对各变量的值取对数。

（一）财政性教育投入与制造业 FDI

回归结果表明在以制造业 FDI 为被解释变量的计量分析中，无论是高等教育投入还是基础教育投入的参数估计结果都没有通过显著性检验（见表4.2）。仅有中部地区与基础教育投入的交叉项参数估计结果是显著的，并且系数为正，这说明中部地区基础教育投入增加促进了制造业 FDI 的进入。与此同时，回归分析结果显示一些传统因素显著影响 FDI 的区位选择，比如市场化水平、经济增长的稳定性、行业发展水平、基础设施建设等。

---

① 首先，将制造业、生产性服务业和非生产性服务业涵盖的所有行业的年度增加值进行加总，然后计算均值，得出三大行业的增加值。

表4.2　制造业FDI与财政性教育投入的回归结果

变量	(1)模型1	(2)模型2	(3)模型3	(4)模型4	(5)模型5	(6)模型6	(7)模型7	(8)模型8
lheducation	-0.130 (0.20)	-0.198 (0.20)	-0.202 (0.20)	-0.257 (0.21)				
heduyear			-0.008 (0.01)					
heduelocation				0.036 (0.22)				
hedumlocation				0.328 (0.22)				
lbeducation					-0.087 (0.33)	-0.11 (0.29)	-0.048 (0.38)	-0.083 (0.34)
beduyear							-0.008 (0.02)	
beduelocation								0.051 (0.15)
bedumloction								0.542*** (0.16)
lagdp			-0.1 (0.77)	-0.162 (0.77)	1.087** (0.47)	1.07* (0.56)	-0.114 (0.77)	-0.356 (0.76)
lmlabor	0.318 (0.27)	-0.322 (0.45)	-0.41 (0.50)	-0.633 (0.56)	-0.666 (0.53)		-0.474 (0.56)	-1.049* (0.61)

续表

变量	(1) 模型1	(2) 模型2	(3) 模型3	(4) 模型4	(5) 模型5	(6) 模型6	(7) 模型7	(8) 模型8
lmarket	−0.385*** (0.07)	−0.295*** (0.08)	−0.296*** (0.08)	−0.266*** (0.08)	−0.349*** (0.07)	−0.352*** (0.07)	−0.275*** (0.08)	−0.222*** (0.08)
lstability	−0.226*** (0.09)	−0.118 (0.09)	−0.148 (0.09)	−0.151 (0.09)	−0.197** (0.09)		−0.164* (0.09)	−0.153* (0.09)
linfrastructure	0.413** (0.19)		0.286 (0.20)	0.374* (0.21)	0.262 (0.20)	0.152 (0.20)	0.281 (0.20)	0.455** (0.21)
lmgdp		1.044*** (0.32)	1.025** (0.46)	1.007** (0.47)			1.046** (0.46)	0.975** (0.46)
lopen		0.104 (0.15)	0.074 (0.16)	0.018 (0.17)		0.142 (0.15)	0.042 (0.16)	−0.046 (0.16)
lconsumption		−0.043 (0.50)	−0.019 (0.55)	0.116 (0.56)		−0.423 (0.53)	−0.091 (0.55)	0.463 (0.55)
constant	12.082*** (1.49)	11.599*** (1.54)	12.418*** (2.21)	13.679*** (2.06)	11.076*** (2.38)	7.483*** (1.90)	12.432*** (2.55)	14.731*** (2.55)
N	192	192	192	192	192	192	192	192
R^2	0.417	0.448	0.457	0.464	0.436	0.414	0.454	0.492
调整R^2	0.329	0.358	0.356	0.360	0.347	0.322	0.352	0.394
F	23.74	19.05	13.54	12.58	21.22	19.44	13.38	14.09

注：*表示在$p<0.1$水平下显著，**表示在$p<0.05$水平下显著，***表示在$p<0.01$下显著。

（二）财政性教育投入与生产性服务业 FDI

生产性服务业的中间产品投入率较高，且主要服务于其他行业，对人力资本的依赖性要显著高于制造业和非生产性服务业。从回归结果来看，高等教育投入的参数估计结果并没有通过显著性检验（见表4.3）。模型（3）显示在10%的显著性水平下，高等教育投入与时间的交互项通过了显著性检验，并且系数为正，说明2007年之后，省级高等教育投入有利于生产性服务业 FDI 的进入。至于基础教育投入，三个模型中的参数估计结果在不同的显著性水平下通过检验，并且系数为正，说明基础教育投入与生产性服务业 FDI 是正相关的，基础教育投入有利于生产性服务业 FDI 的流入。造成这一结果的原因可能是我国生产性服务业的要素投入层级较低，导致其与基础教育投入呈现出正相关关系。模型（8）显示基础教育与东部地区交互项的系数为负，并且在5%的显著性水平通过检验，说明东部地区基础教育投入与生产性服务业 FDI 的相关性要低于中西部地区。另外也可以看出，地区基础设施建设、经济增长的稳定性和该行业的劳动力成本显著影响了生产性服务业 FDI 的进入。

表4.3　生产性服务业 FDI 与财政性教育投入的回归结果

	(1)	(2)	(3)	(4)	(5)	(6)	(7)	(8)
	模型1	模型2	模型3	模型4	模型5	模型6	模型7	模型8
lheducation	0.048 (0.30)	0.003 (0.29)	−0.007 (0.29)	0.057 (0.33)				
heduyear			0.035* (0.02)					
heduelocation				−0.598** (0.28)				
hedumlocation				0.202 (0.32)				
lbeducation					0.794* (0.46)	0.926** (0.45)	0.394 (0.49)	1.115** (0.49)

续表

	（1）	（2）	（3）	（4）	（5）	（6）	（7）	（8）
	模型1	模型2	模型3	模型4	模型5	模型6	模型7	模型8
beduyear							0.0250 (0.02)	
beduelocation								-0.497** (0.20)
bedumlocation								0.166 (0.24)
lpgdp	-0.155 (0.50)	-0.184 (0.49)	-0.59 (0.53)	0.073 (0.60)				-0.003 (0.62)
lplabor	1.409** (0.71)	1.623** (0.70)	0.908 (0.77)	0.975 (0.79)	0.413 (0.71)	0.630 (0.68)	0.251 (0.71)	0.272 (0.83)
lmfdi	0.177* (0.11)							
lopen	-0.202 (0.24)			-0.354 (0.25)				-0.316 (0.23)
lstability	-0.288** (0.13)	-0.296** (0.13)	-0.216* (0.13)	-0.336** (0.13)	-0.213* (0.13)	-0.232* (0.13)	-0.229* (0.13)	-0.261** (0.13)
linfrastructure	0.815*** (0.27)	0.861*** (0.27)	0.701** (0.29)	0.657** (0.30)	0.714** (0.28)	0.816*** (0.27)	0.733** (0.29)	0.624** (0.30)
lagdp			0.893 (0.63)	0.478 (0.66)	0.944 (0.84)		0.263 (0.68)	-0.224 (0.74)
lmarket				-0.0230 (0.11)	-0.106 (0.11)	-0.125 (0.10)	-0.119 (0.11)	
lconsumption					-1.199 (0.77)	-0.678 (0.61)		
cons	-5.681 (4.34)	-5.653 (4.24)	-4.576 (4.67)	-1.539 (5.00)	0.496 (3.83)	1.646 (3.69)	1.578 (3.96)	3.246 (5.52)
N	192	192	192	192	192	192	192	192
R^2	0.674	0.667	0.677	0.686	0.680	0.677	0.677	0.693
调整R^2	0.620	0.616	0.624	0.627	0.627	0.626	0.624	0.638
F	48.33	66.38	49.06	35.14	49.73	57.72	49.18	40.70

注：*表示在 $p<0.1$ 水平下显著，**表示在 $p<0.05$ 水平下显著，***表示在 $p<0.01$ 下显著。

（三）财政性教育投入与非生产性服务业 FDI

与之前两类 FDI 回归结果不同，非生产性服务业 FDI 与两个层级的财政性教育投入的参数估计结果在不同的显著性水平下通过检验，但是参数均为负值（见表4.4），直接含义是两个层级财政性教育投入与非生产性服务业是负相关的，这从另一个角度证明了无论是高等教育投入还是基础教育投入的增加并不会带来非生产性服务业FDI的增加。基础教育投入与年份的交叉项参数显著为正，说明2007年之后，这一负相关效应减弱，同时基础教育投入与东部地区交叉项参数显著为正，说明与中西部地区相比，两者的负相关程度减弱。值得注意的是，回归结果显示非生产性服务业FDI与工资水平呈显著正相关，这可能是因为在工资水平越高的地区，对非生产性服务业的需求更多，导致该类FDI流入增加。

表4.4　非生产性服务业FDI与财政性教育投入的回归结果

	（1）模型1	（2）模型2	（3）模型3	（4）模型4	（5）模型5	（6）模型6	（7）模型7	（8）模型8
lheducation	-0.816** (0.40)	-0.773* (0.40)	-0.814** (0.40)	-0.866** (0.43)				
heduyear			0.0270 (0.03)					
heduelocation				0.482 (0.39)				
hedumlocation				-0.392 (0.44)				
lbeducation					-1.806** (0.72)	-1.755** (0.68)	-2.448*** (0.76)	-1.993*** (0.69)
beduyear							0.064** (0.03)	
beduelocation								0.713** (0.30)
bedumlocaion								0.0990 (0.33)
lnpgdp	1.338* (0.74)	1.258* (0.74)	1.334* (0.74)	1.066 (0.75)	1.632** (0.80)	1.674** (0.79)	1.866** (0.79)	0.968 (0.84)
lnplabor	1.989* (1.13)	2.105* (1.13)	1.655 (1.19)	2.140* (1.17)	3.274** (1.39)	3.438*** (1.25)	3.065** (1.34)	2.361 (1.44)
lmarket	-0.266* (0.15)	-0.258* (0.15)	-0.263* (0.15)	-0.366** (0.16)	-0.174 (0.15)	-0.185 (0.14)	-0.165 (0.15)	-0.243 (0.15)
lopen	0.301 (0.31)		0.363 (0.31)	0.488 (0.32)	-0.0340 (0.33)			

续表

	（1）	（2）	（3）	（4）	（5）	（6）	（7）	（8）
	模型 1	模型 2	模型 3	模型 4	模型 5	模型 6	模型 7	模型 8
linfrastructure	-0.822** (0.38)	-0.829** (0.38)	-0.800** (0.38)	-0.735* (0.42)	-0.941** (0.40)	-0.900** (0.38)	-0.937** (0.39)	-0.722* (0.42)
lconsumption	-1.056 (0.99)	-1.132 (0.99)	-1.019 (0.99)	-1.004 (1.00)	-1.282 (1.11)	-1.081 (0.98)	-1.112 (1.10)	-1.746 (1.11)
lagdp					0.485 (1.23)		0.570 (1.22)	2.195 (1.35)
lstability					-0.200 (0.19)	-0.204 (0.18)	-0.158 (0.18)	
cons	4.640 (5.57)	5.105 (5.54)	7.364 (6.28)	2.560 (5.70)	-2.584 (6.37)	-2.132 (6.23)	0.686 (6.51)	-5.806 (6.54)
N	192	192	192	192	192	192	192	192
R^2	0.224	0.219	0.228	0.240	0.236	0.235	0.254	0.258
调整 R^2	0.0960	0.0960	0.0960	0.104	0.0990	0.109	0.120	0.126
F	6.763	7.731	6.024	5.691	5.546	7.187	6.118	6.268

注：* 表示在 $p<0.1$ 水平下显著，** 表示在 $p<0.05$ 水平下显著，*** 表示在 $p<0.01$ 下显著。

（四）内生性问题与工具变量选择

影响 FDI 区位选择的因素非常多，本章尽量全面地将相关控制变量纳入计量模型分析中，但仍可能未考虑一些不易度量或无法观测但对 FDI 存在显著影响的因素。同时，核心解释变量和控制变量也可能与 FDI 存在相互的因果关系，比如经济发展水平高的地区有更多的 FDI 流入，而 FDI 又会通过就业、税收和技术溢出效应等途径作用于当地经济增长。这些问题可能导致计量模型的内生性问题，从而带来有偏或非一致的参数估计量。接下来在寻找合适工具变量的基础上重新估计模型参数。首先考虑主要控制变量的内生性问题（经济发展水平、行业发展、劳动力成本），利用工具变量估计参数，但是参数估计效果并没有显著的改善。本章主要考虑核心解释变量的内生性问题，并将其滞后一期和滞后两期值作为工具变量，参数估计结果参见表 4.5。

表 4.5　工具变量法参数估计结果

	制造业 FDI 模型 1	制造业 FDI 模型 2		生产性服务业 FDI 模型 1	生产性服务业 FDI 模型 2		非生产性服务业 FDI 模型 1	非生产性服务业 FDI 模型 2
lheducation	-0.126 (0.634)		lheducation	0.951 (1.165)		lheducation	-0.49* (2.052)	
lheducation		-0.196 (0.493)	lheducation		0.218* (0.854)	lheducation		-1.917* (1.266)
lagdp		1.003 (0.704)	lpgdp	0.022 (0.957)		heduyear	0.038 (0.031)	0.051 (0.037)
lmlabor	0.09 (0.716)	-0.91 (0.614)	lplabor	3.118** (1.171)	3.984** (1.446)	beduyear		
lmarket	0.312** (0.1)	-0.288** (0.092)	lmarket	-0.234 (0.148)	-0.319* (0.139)	lagdp		1.761 (1.788)
lstability	0.198* (0.088)	-0.158 (0.091)	lstability		-0.254 (0.147)	lnpgdp	1.144 (0.88)	1.161 (0.971)
linfrastructure	0.192 (0.241)	0.023 (0.262)	linfrastructure	0.369 (0.428)	0.289 (0.408)	lnplabor	0.932** (1.842)	1.558** (1.716)
cons	12.905*** (1.874)	12.797*** (3.286)	lconsumption			lmarket	-0.224 (0.249)	
			cons	-11.603 (6.093)	-11.32 (7.025)	lopen	0.551 (0.415)	-0.086 (0.199)

续表

	制造业 FDI		生产性服务业 FDI		非生产性服务业 FDI	
	模型 1	模型 2	模型 1	模型 2	模型 1	模型 2
lstability					−0.305	(0.201)
linfrastructure					−0.993* (0.565)	−1.099* (0.569)
lconsumption					−0.758 (1.884)	−1.084 (1.641)
cons					11.18 (8.686)	5.372 (8.617)
N	185	185	185	185	185	185
r²_w	0.302	0.316	0.557	0.606	0.207	0.227

注：* 表示在 $p<0.05$ 水平下显著，** 表示在 $p<0.01$ 水平下显著，*** 表示在 $p<0.001$ 下显著。

依据表4.5中的回归结果可知，采用工具变量重新估计模型参数之后，不同行业对应的回归结果发生了不同的变化：在制造业FDI模型中，高等教育投入和基础教育投入的系数发生变化，符号不变，但仍然不显著，其他变量的参数估计结果未发生重大改变；在生产性服务业FDI模型中，高等教育投入的参数估计结果未通过显著性检验，基础教育投入的参数估计结果显著性降低，一些其他控制变量的参数估计结果由显著变为不显著，如基础设施，也有变量的参数由不显著变为显著，如市场化程度；在非生产性服务业FDI模型中，财政性教育投入的参数符号未发生变化，在5%的显著性水平下通过检验，其他控制变量的参数估计结果变化不大。采取工具变量法重新估计模型参数后，不同程度地改变了核心解释变量和主要控制变量参数的数值大小，并未颠覆之前的研究结论。

第五节　结论与政策建议

本章研究了不同层级财政性教育投入对FDI区位选择的影响，并基于省级面板数据验证了它们之间的关系。经验研究结果表明总体上省级各层级财政性教育投入并没有显著地帮助到本地FDI的进入，与基于完全竞争和封闭劳动力市场可推导出的教育投入与FDI存在正向相关性的结论不同，这从另一角度印证了当存在人力资本的跨区域流动时，财政性教育投入与相关经济变量之间非正向的对应关系。教育是提升人力资本的主要途径，各级政府增加教育投入，目标之一也是希望借此促进当地经济增长。然而在开放的要素市场上，人力资本的流动却有可能使得实际结果与政府的政策初衷相左。需要特别说明的是，本研究并不认为人力资本跨区流动是导致财政性教育投入对FDI影响不显著的唯一原因，还可能存在的解释视角包括教育模式不完善、专业设置不合理等。对于平均工资水平较低、劳动力市场扭曲程度较高的中西部地区，需要在扩大教育投入规模的同时，完善教育投入结构，提高人力资本与本地产业结构的匹配程度，以便发挥教育以人力资本作为中间变量促进 FDI 流入的正向效应。

本章以财政性教育投入与 FDI 之间的关系作为研究对象, 目的还在于以此项研究映射出教育与经济变量之间的复杂关系, 反思经典结论。对于各级政府而言, 要发挥教育对经济增长的贡献, 除了增加各层级教育投入、缩小区域教育水平差异之外, 还需要完善本地劳动力市场和工资定价机制, 提供良好的就业创业环境, 减少劳动力市场的扭曲程度, 充分发挥市场在要素配置中的基础作用, 留住优秀人才, 使之贡献于本地区经济增长。

参考文献

[1] 程斯辉. 试论基础教育的本质 [J]. 中国教育学刊, 2004, 01: 15 - 19.

[2] 代谦, 别朝霞. FDI、人力资本积累与经济增长 [J]. 经济研究, 2006, 04: 15 - 27.

[3] 樊纲, 王小鲁, 马光荣. 中国市场化进程对经济增长的贡献 [J]. 经济研究, 2011, 09: 4 - 16.

[4] 葛小寒, 陈凌. 国际 R&D 溢出的技术进步效应——基于吸收能力的实证研究 [J]. 数量经济技术经济研究, 2009, 07: 86 - 98.

[5] 何兴强, 王利霞. 中国 FDI 区位分布的空间效应研究 [J]. 经济研究, 2008, 11: 137 - 150.

[6] 何颖. FDI、教育投入与经济增长关系的实证研究——以江苏省为例 [J]. 江淮论坛, 2011, 05: 56 - 60.

[7] 黄燕萍, 刘榆, 吴一群, 李文溥. 中国地区经济增长差异: 基于分级教育的效应 [J]. 经济研究, 2013, 04: 94 - 105.

[8] 李汉君. 我国 FDI 流入的地区差异与影响因素分析——基于 1992 - 2007 年省级面板数据 [J]. 国际贸易问题, 2011, 03: 124 - 130.

[9] 李品芳, 陈飞翔. 教育投资与 FDI 技术转移效应的实证研究——从公共财政政策的视角来分析 [J]. 同济大学学报 (社会科学版), 2010, 02: 115 - 119.

[10] 刘军, 王恕立. 异质性服务企业、沟通成本与 FDI 动机 [J].

世界经济，2015，06：88-114.

[11] 刘晔，黄承键. 我国教育支出对经济增长贡献率的实证研究——基于省际面板数据时空差异的分析 [J]. 教育与经济，2009，04：47-51.

[12] 陆铭，陈钊，万广华. 因患寡，而患不均——中国的收入差距、投资、教育和增长的相互影响 [J]. 经济研究，2005，12：4-14，101.

[13] 沈坤荣，田源. 人力资本与外商直接投资的区位选择 [J]. 管理世界，2002，11：26-31.

[14] 唐宜红，王林. 我国服务业外商直接投资的决定因素分析——基于行业面板数据的实证检验 [J]. 世界经济研究，2012，10：75-80，89.

[15] 田素华，杨烨超. FDI进入中国区位变动的决定因素：基于D-G模型的经验研究 [J]. 世界经济，2012，11：59-87.

[16] 王建华. 高等教育的应用性 [J]. 教育研究，2013，04：51-57.

[17] 王晶晶，黄繁华. 集聚视角下服务业FDI的影响因素研究——来自中国省级面板数据的经验 [J]. 中央财经大学学报，2013，10：63-69.

[18] 王立平，彭继年，任志安. 我国FDI区域分布的区位条件及其地理溢出程度的经验研究 [J]. 经济地理，2006，02：265-269.

[19] 韦开蕾，许能锐. 中国FDI影响因素的时空差异性分析 [J]. 经济研究参考，2011，62：56-62.

[20] 魏后凯. 外商直接投资对中国区域经济增长的影响 [J]. 经济研究，2002，04：19-26+92-93.

[21] 冼国明，徐清. 劳动力市场扭曲是促进还是抑制了FDI的流入 [J]. 世界经济，2013，09：25-48.

[22] 肖兴志，王海. 受教育程度、吸收能力与FDI技术溢出效应——基于面板门槛回归模型的分析 [J]. 云南财经大学学报，2013，06：99-106.

[23] 谢嗣胜,姚先国.劳动力市场中统计性歧视的模型分析[J].数量经济技术经济研究,2004,09:111-119.

[24] 熊文渊.我国FDI、公共教育投资与经济增长关系的实证研究(1985-2012)[J].学术论坛,2013,04:137-140.

[25] 许和连,张萌,吴钢.文化差异、地理距离与主要投资国在我国的FDI空间分布格局[J].经济地理,2012,08:31-35.

[26] 杨仁发,刘纯彬.中国生产性服务业FDI影响因素实证研究[J].国际贸易问题,2012,11:107-116.

[27] 杨晓丽,张宇,谭有超.引资优惠竞争一定促进地区经济增长吗?——基于FDI质量的视角[J].经济经纬,2013,02:13-17.

[28] 杨晓明,田澎,高园.FDI区位选择因素研究——对我国三大经济圈及中西部地区的实证研究[J].财经研究,2005,11:100-109.

[29] 姚先国,张海峰.教育、人力资本与地区经济差异[J].经济研究,2008,05:47-57.

[30] 张杰,周晓艳,郑文平,芦哲.要素市场扭曲是否激发了中国企业出口[J].世界经济,2011,08:134-160.

[31] 张俊.论我国教育发展对成功吸引外商直接投资的贡献[J].湖北广播电视大学学报,2005,01:39-42.

[32] 赵果庆,罗宏翔.中国FDI空间集聚与趋势面[J].世界经济研究,2012,01:3-8+43+87.

[33] 周金燕.人力资本内涵的扩展:非认知能力的经济价值和投资[J].北京大学教育评论,2015,01:78-95+189-190.

[34] 邹薇,张芬.农村地区收入差异与人力资本积累[J].中国社会科学,2006,02:67-79+206.

[35] Baltagi, Badi H., Peter Egger and Michael Pfaffermayr. Estimating Models of Complex FDI: Are There Third-country Effects? 2005, Center for Policy Research Working Paper, No. 73.

[36] Becker G. Human Capital (2nd ed) [M]. The University of Chicago Press, 1975.

[37] Borensztein, E., J. De Gregorio and J-W Lee. How does for-

eign direct investment affect economic growth［J］. 1998，Journal of International Economics，45：115 – 135.

［38］Bowles，Samuel，Gintis Herbert，and Osborne Melissa. The Determinants of Earnings：A Behavioral Approach［J］. Journal of Economic Literature，2001，39（4）：1137 – 1176.

［39］Dunning J H. Trade，Location of Economic Activity and the MNE：A Search for an Eclectic Approach. In Ohlin，B，P O Hesselnorn and P J Wijkman（eds.），The International Allocation of Economic Acitivity［M］. MacMillan，London，1977.

［40］Fleisher，H Li，MQ Zhao. Human capital，economic growth，and regional inequality in China［J］. Journal of Development Economics，2010，92（2）：215 – 231.

［41］Lucas Robert. On the Mechanics of Economic Development［J］. Journal of Monetary Economics，1988，22：3 – 42.

［42］Ramasamy B，Yeung M. The determinants of foreign direct investment in services［J］. The World Economy，2010，33（4）：573 – 596.

［43］Romer，P. M.. Endogenous Technological Change［J］. Journal of Political Economy，1990，98（5）：S71 – S102.

［44］Romer，P. M.. Increasing returns and long-run growth，Journal of Political Economy［J］. 1986，94：1002 – 1037.

［45］Schultz T. W.. Investment in humancapital［J］. American Economic Review，1961，51（1）：1 – 17.

［46］Spence，Michael. Job Market Signaling，The Quarterly Journal of Economics［J］. 1973，87（3）：355 – 374.

第五章

职业教育发展对 FDI 区位选择的影响

我国正在大力推进职业教育发展，旨在完善劳动力人力资本市场，适应高质量发展和产业结构升级需求。本章从 FDI 区位选择的角度，评估职业教育发展的劳动力人力资本改善效应，为完善职业教育激励政策提供借鉴。在探究职业教育对 FDI 区位选择影响机制的基础上，以 2003~2019 年省级面板数据为样本，利用固定效应模型进行实证研究，并进行分行业的异质性分析。研究发现：（1）职业教育可以通过改善劳动力人力资本存量及结构、为产业集聚和技术溢出铺垫人力资本基础等途径影响 FDI 进入。（2）职业教育规模扩大对总体 FDI 及制造业 FDI、生产性服务业 FDI 和非生产性服务业 FDI 均产生了显著的促进作用。（3）职业教育质量提升促进了总体 FDI 和制造业 FDI 的流入，但对生产性服务业 FDI 和非生产性服务业 FDI 的影响不显著。为提升职业教育的劳动力人力资本改善效应，发挥其对 FDI 的促进作用，应继续深入推进职业教育内涵式发展，优化专业设置，注重产教融合。

第一节 引　言

各层级教育结构与产业结构、经济发展水平的匹配程度决定了教育的经济效应，合理的教育层级结构可以通过多元途径有效促进经济增长。职业教育是教育体系中与经济社会发展直接关联较为密切的一种教育类型，为顺应经济结构调整和产业升级对技术型、技能型人才的市场需求，近年来我国给予了职业教育发展更充分的重视，以应对长期以来产业转型升级面临的人才缺口。从国家发展职业教育的投入来看，2003年全国职业教育财政预算内教育经费支出为239.56亿元，2020年升至3410.73亿元，提升了近14.2倍（见图5.1）。2019年国务院颁布的《国家职业教育改革实施方案》明确指出，要经过5到10年左右时间，大幅提升新时代职业教育现代化水平，为促进经济社会发展提供优质人才支撑①。

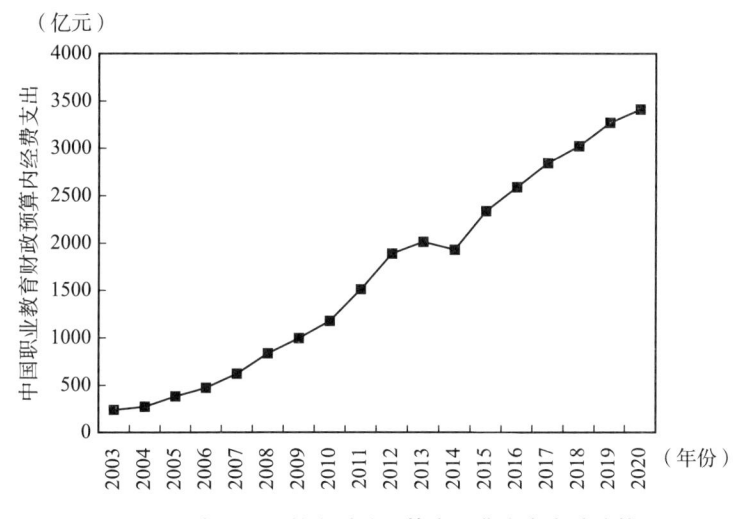

图5.1 中国职业教育财政预算内经费支出变动趋势

资料来源：根据2003~2020年《中国教育经费统计年鉴》相关数据整理。

改革开放之后，国际直接投资（FDI）为推动我国经济社会发展和产业结构转型作出了重要贡献。2000年我国FDI的实际利用外资金额

---

① 除此之外，《加快推进教育现代化实施方案（2018~2020）》也明确指出构建产业人才培养体系，完善学历教育与培训并重的现代职业教育体系，大力推进产教融合，建成一批高水平职业院校及专业。

为 3370 亿元，2020 年增加至 10000 亿元，是 2000 年的 3 倍左右[①]（见图 5.2），如今 FDI 的规模仅次于美国。我国正在以国内大循环为主体、国内国际双循环相互促进的新发展格局重塑经济新优势，外商直接投资是双循环的重要支撑点，对推动经济高质量发展具有重要意义。保障 FDI 稳定地流入，优化投资结构，仍是对外招商引资的重要导向。

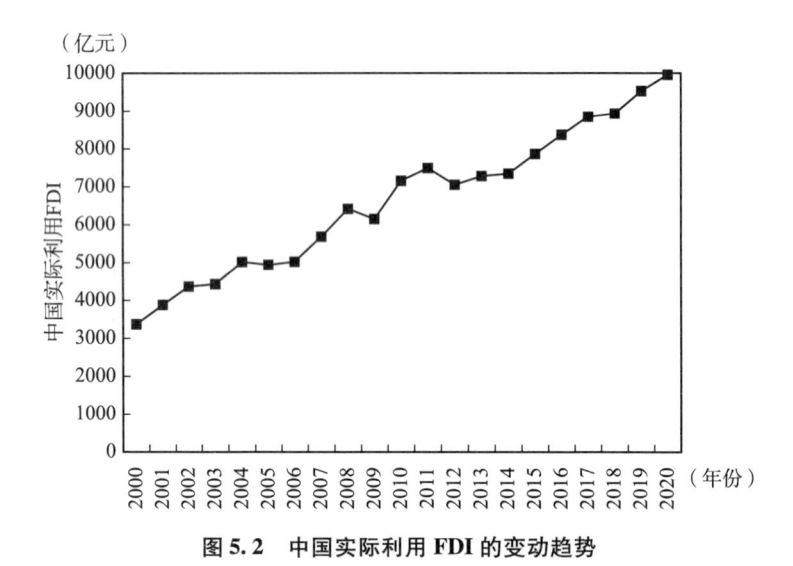

图 5.2　中国实际利用 FDI 的变动趋势

资料来源：根据 2000～2020 年《中国统计年鉴》相关数据整理。

发展职业教育能够完善教育体系，提高劳动力市场的供需匹配程度，减少结构性失业。回顾我国职业教育发展历程，2013 年至今现代职业教育体系框架全面建成，逐步由规模扩张转向深化内涵式发展，更加凸显服务国家重大战略的功能（朱德全和石献记，2021）。职业教育层级对应的劳动力人力资本总量和结构是影响 FDI 进入的重要因素，从理论上来讲，职业教育培养的技术技能型人才有利于 FDI 实现由劳动

[①] 参见《中华人民共和国 2020 年国民经济和社会发展统计公报》，网址：http://www.gov.cn/xinwen/2021-02/28/content_5589283.htm。

密集型转向技术密集型,推动结构升级,提高外资利用的质量和效益。本章以 FDI 为切入点,从教育规模和教育质量两个维度出发,考察职业教育发展对 FDI 区位选择的影响,评估职业教育发展的劳动力人力资本改善效应,为制定旨在完善职业教育发展的政策提供理论借鉴。

第二节 文 献 综 述

作为独立类型的职业教育,其发展受经济发展水平、政策导向和文化等多重因素的影响。改革开放至今 40 多年的时间,我国职业教育经历了起伏跌宕的发展过程,在迅速扩张 20 年之后,由于受就业制度改革、高校扩招等因素的影响,职业教育尤其是中职教育发展面临了巨大挑战(匡瑛和石伟平,2018)。近年来,在国家重新部署和各项政策的激励下,中职教育、高职教育和农村职业教育均取得了一定程度的发展,逐步凸显出服务产业结构调整、国家重大发展战略等功能。1996 年之后,职业教育发展也由强调结构调整逐步转变到内涵建设全面深化发展,尤其是在 2013 年国务院颁布《关于加快发展现代职业教育的决定》开始推进从"教育层次"向"教育类型"转变,中国特色的现代职业教育体系逐步建立。

人力资本理论阐述了教育与经济增长的关系,认为由教育作为主要投资途径形成的人力资本,与物质资本一样是经济增长的重要源泉,罗默(Romer, 1986)、卢卡斯(Lucas, 1988)认为知识、技术和人力资本积累是经济增长的内生变量,可带来经济的持续增长。职业教育能够促进技术技能型人力资本的积累,优化人力资本结构,是一项具有持久增长效应的人力资本投资,与经济增长、产业结构转型升级密切相关。王星飞(2020)研究表明职业教育投入对人力资本产出弹性为正。刘万霞(2014)研究发现职业教育投入在人力资本投资中占比越大,越有利于当地的经济增长。瓦伦博尔恩(Wallenborn, 2010)以欧盟国家作为研究对象,从促进人力资本积累这个角度分析了职业教育对经济、社会和生态三个方面的影响。阿萨杜拉等(Asadullah et al., 2018)、萨莫林等（Samoliu et al., 2021）从知识技术溢出角度探讨职业教育对经济增长的影响，研究结果表明职业教育与培训对经济增长有明显的促进作用。祁占勇和王志远（2020）验证了我国经济发展与职业教育的耦合关系是单向的，即职业教育促进了经济发展。石来斌和夏新燕（2016）验证了职业教育人力资本与产业结构优化存在明显的正相关。除了对职业教育规模进行研究之外，近些年学者们也开始将职业教育质量纳入分析，王奕俊和赵晋（2017）、王伟（2017）等研究表明职业教育质量提高对经济发展具有显著的促进作用。

经典的国际直接投资理论认为所有权优势、内部化优势和东道国区位优势是吸引跨国公司国际投资的三大核心因素。实证研究发现FDI区位选择的影响因素大致包括市场规模、对外开放程度、经济发展水平、劳动力成本、基础设施、产业结构、集聚程度、人力资本、环境规制、新经济地理因素、投资环境和知识产权保护等。例如，聂名华和柳杨（2014）认为政策支持、劳动力成本以及市场规模对FDI流入有显著的影响，基础设施的促进作用随着时间发生变化。单东方（2020）、黄若云和秦丹（2022）研究发现经济政策的不确定会明显抑制FDI流入。还有其他研究探讨一些新兴因素对FDI的影响，比如人民币汇率、土地价格、互联网等（闫福，2014；朱文涛、顾乃华，2018；李浩、黄繁华，2021）。也有关于不同行业FDI影响因素的研究，王硕和殷凤（2021）从集聚效应的角度研究其对服务业FDI区位选择的影响。

通常，经济发展水平越高的国家，资本越富足，边际收益率越低，为了获得高回报率，理论上国际资本流动应从富国流向穷国，然而资本流动的现实与理论结论并不完全一致，这种现象被称为"卢卡斯悖论"，卢卡斯（Lucas，1990）认为这可能与人力资本在跨国公司国际投资决策中的重要作用相关，从而推动了关于人力资本与FDI的研究。部分研究认为人力资本对FDI区位选择有着积极作用（潘春阳、吴柏钧，2019；Salike，2016），也有研究认为人力资本对FDI并不存在显著的影响（张家滋等，2015）。此外，有研究发现人力资本对FDI的影响不是单一的线性关系，不同类型人力资本对FDI

的影响存在差异。傅元海和王展祥（2009）认为小学或初中、高中文化程度的人力资本占比增加有助于提高外资质量，而大学文化程度的人力资本占比增加降低了外资质量。受教育水平通常作为人力资本的代理变量出现在实证研究中，刘凯等（2016）发现中等教育的普及有利于发展中国家的FDI流入，高等教育的普及对FDI的流入影响并不显著。

人力资本是教育影响经济发展的主要途径，已有研究较少从教育尤其是职业教育影响FDI区位选择角度考察教育的劳动力人力资本改善效应。本章从教育规模和质量两个维度考察作为独立类型的职业教育对全行业以及不同类型FDI区位选择的影响，评价职业教育发展的人力资本改善效应，补充已有研究。

第三节 职业教育对FDI区位选择的影响机制

不同层级教育培养模式、专业设置、培养目标差异明显，受教育者的人力资本级别也有所差异。有别于其他教育类型，职业教育以培养技术技能型人才为主要目标，《国家职业教育改革实施方案》开宗明义提出"职业教育与普通教育是两种不同教育类型"，职业教育更注重学生的技能训练，能够直接向劳动力市场输送人才。然而，和其他教育类型类似，职业教育本质上也主要是通过影响劳动力人力资本市场影响经济社会发展。根据职业教育的类型特征，本章认为职业教育可能从以下几个方面影响FDI的区位选择。

提高劳动力人力资本存量，改善劳动力要素供给。我国劳动力人力资本由2005年的8.2上升至2019年的10.4[①]，劳动力素质得到显著提高。改革开放之后的前30年，我国农村剩余劳动力基本接近刘易

---

① 劳动力人力资本的计算方法：设定文盲（0）、小学（6）、初中（9）、高中（12）、中职（12）大专（15）、研究生（19）受教育年限，以当地劳动者中接受各层级教育的人口占比为权数，进行加权平均。

斯所定义的无弹性供给，经济发展享受了巨大的廉价劳动力红利。但随着刘易斯拐点的出现，廉价劳动力红利逐步减弱，具有更高生产效率的技术型、技能型劳动力显得尤为稀缺，工资水平快速上涨。职业教育发展可以有效增加劳动力人力资本存量，提升生产效率，降低要素成本，吸引 FDI 进入（熊广勤、殷宇飞，2014）。但是，马双、赖漫桐（2020）认为由于市场环境的不同，劳动力成本对 FDI 的影响是非线性的。职业教育提高了劳动力人力资本水平，边际产出随之提高，工资相应增加，劳动力成本也会随之上升。即便如此，劳动力成本上升仍有可能有利于跨国企业进入，工资增加带来的激励效应、替代效应和创新效应会大大激发跨国企业的生产率，扩大 FDI 的流入规模（张先锋，2018；奚美君，2019）。同时，工资水平的上升也会使得东道国居民收入增加、购买力增强，有利于市场导向型 FDI 的流入。

优化劳动力人力资本结构，提高劳动力供给与产业结构的匹配度。产业结构转型升级是经济发展的结果，也是经济发展向更高层级跃进的推动力[①]。产业的演进路径深受人力资本结构的影响，劳动力人力资本结构越能满足产业结构调整的需求，产业结构演进过程越平顺。从经济意义上讲，职业教育以解决由于技术革新导致的结构性失业为旨归，与产业结构演进存在着紧密的互动关系（苏丽锋，2017）。据统计，半数以上的专业是为了适应产业发展需求而设置的，可以有效地匹配其对技术技能人才的需求。2019 年我国人力资本异质系数为 0.315[②]，相比 2003 年下降了 0.002，这说明劳动力人力资本偏离均等

[①] 很长时间内，我国产业发展饱受技术型和技能型人才稀缺的困扰，导致该劳动力群体成本快速上升，产业发展受限。

[②] 依据《中国劳动统计年鉴》相关数据计算得到，人力资本异质系数的计算方法为：

$$RDHC = \frac{\sqrt{\sum_{i=1}^{n} P_i (Y_i - u)^2}}{u}$$

，其中 P_i 表示一定受教育年限的人口比例，n 为教育获得程度的分组数，u 为平均受教育年限，Y_i 表示不同教育获得程度的受教育年限，文盲（$Y_1 = 0$）、小学（$Y_2 = 6$）、初中（$Y_3 = 9$）、高中（$Y_4 = 12$）、中职（$Y_5 = 12$）、大专（$Y_6 = 15$）、研究生（$Y_7 = 19$）。

程度下降，受教育的平等程度在上升。2019年职业教育投入与人力资本异质系数的相关系数为-0.59，两者有明显的负向相关关系，说明职业教育投入的增加，能够减少人力资本异质系数，促进教育公平，优化人力资本结构。FDI是参与东道国产业结构转型升级的重要力量，尤其是在政府对FDI进行引导和规范的情况下，有利于发挥FDI对当地产业结构合理化的促进作用（高峰，2002；贾妮莎等，2014）。21世纪以来，职业教育进入量质并进的发展阶段，深刻改变了我国劳动力人力资本的结构，必然影响到积极参与产业结构调整的FDI。

为产业集聚和技术溢出铺垫人力资本基础，改善产业发展的外部环境。产业集聚需要大量人力资本，李玉江和徐光平（2008）研究发现人力资本对产业集聚有着重要影响。梁琦（2003）研究发现产业集聚是跨国企业投资的重要驱动力，孙浦阳等（2012）等深入研究了服务业和制造业集聚对FDI区位选择的影响，结果表明相较于制造业，服务业产业集聚对FDI的流入影响更加显著①。职业教育的显著特征在于针对劳动力市场需求的精准培养，为企业培养技术技能型人才，在生产中促进创新，知识和技术在生产过程中会产生正向的溢出作用，提升当地的技术研发能力，推动技术进步，改善当地的营商软环境，形成正向的竞争促进作用，影响FDI的区位选择。张宽和黄凌云（2022）认为人力资本结构升级能够提升区域创新能力，何兴强等（2014）认为劳动力人力资本在跨国企业生产过程中可以对其先进技术进行一定程度的吸收，从而发挥FDI的技术溢出，人力资本与FDI的结合更能促进当地的技术水平，提升溢出效应（李梅，2010）。产业集聚和知识溢出改善了产业发展的外部环境，降低了外商投资风险，职业教育发展所积累的人力资本在一定程度上促进了产业集聚和技术溢出，进而促进FDI进入。

---

① 江苏太仓市引进了德国"双元制"的职业教育发展模式，取得了很大成效。投资当地的职业学校，将培育的技能型人才直接输送至德国企业，支持当地形成一系列的产业集群（刘红岩，2015）。

第四节 经验实证研究

一、变量选取与基准实证模型

(一) 变量选择

1. 被解释变量

FDI(sfdi)、制造业 FDI(mfdi)、生产服务业 FDI(pfdi) 和非生产性 FDI(npfdi),本章选取各省市 FDI 实际利用金额来表示。

2. 核心解释变量

职业教育规模和职业教育质量。我国职业教育分为高等职业教育和中等职业教育,中等职业教育发展历史更长,占据我国职业教育的主体部分。另外,由于高等职业教育与普通教育数据合并发行,难以分离高等职业教育的部分数据,故本章职业教育的数据主要是指中等职业教育的数据。职业教育规模用中等职业学校生均教育经费支出度量,职业教育质量用学生职业能力度量,测算方法为中等职业学校毕业生获得资格证书人数/中等职业学校毕业生人数。

3. 控制变量

(1) 经济增长（rgdp）。经济增长可以通过影响消费市场规模、市场环境和经济增长预期等途径影响 FDI 进入。本章采用各省（市）经济增长率来表示。

(2) 对外开放程度（op）。经济越开放,商品和生产要素流通越顺畅,外商投资壁垒越低,通常越有利于 FDI 进入。本章采用各省（市）的进出口贸易总额与生产总值之比来表示对外开放程度。

(3) 基础设施（infra）。基础设施完善的地区,出口贸易的交易成本和运输成本较低,能够吸引跨国企业前来投资,提高本地外资流入。本章采用各省（市）公路客运量来表示基础设施的完善程度。

(4) 政策支持（fiscal）。良好的政策支持改善当地区域投资环境,降低跨国企业投资成本，对吸引 FDI 具有积极作用。本章采用各省（市）财政支出占地区生产总值的比重来表示。

（5）劳动力成本（wage）。劳动力成本对 FDI 区位选择的影响比较复杂，取决于综合效应。本章采用各省（市）城镇在岗职工平均工资来表示劳动力成本。此外，异质性分析中针对不同行业采用各行业自身的劳动力成本。

（6）市场化程度（market）。市场化程度决定了商品和生产要素市场的交易成本，是区域营商环境的表征指标之一，市场化程度越高，FDI 进入面临的交易成本越低。本章采用 Krugman 发展的 LP 指数来反映市场化水平，计算公式为 $\frac{1}{X_{it} \cdot Y_{it}}$，其中，$X_{it} = \left| \frac{output_{2t}}{output_t} - \frac{output_{i2t}}{output_{it}} \right|$、$Y_{it} = \frac{output_{i2t}}{output_{it}} \bigg/ \frac{output_{2t}}{output_t}$，t、i、2 分别为时期、地区以及第二产业，output 为产出。指标值越大说明地方保护越严重，市场化程度越低。

（二）基准计量模型

本章关注职业教育规模和教育质量两个方面，因此构建两个计量模型探讨各自对 FDI 区位选择的影响。基准计量模型如下：

$$lnfdi_{it} = \beta_0 + \beta_1 lnaven_{it} + \beta_2 lnrgdp_{it} + \beta_3 lnop_{it} + \beta_4 lninfra_{it} \\ + \beta_5 lnfiscal_{it} + \beta_6 lnwage_{it} + \beta_7 lnmarket_{it} + \mu_i + \varepsilon_{it} \quad (5.1)$$

$$lnfdi_{it} = \beta_0 + \beta_1 acompu_{it} + \beta_2 lnrgdp_{it} + \beta_3 lnop_{it} + \beta_4 lninfra_{it} \\ + \beta_5 lnfiscal_{it} + \beta_6 lnwage_{it} + \beta_7 lnmarket_{it} + \mu_i + \varepsilon_{it} \quad (5.2)$$

其中，i 为省份，t 为年份，β_0 为截距项，ε_{it} 为残差项，μ_i 表示固定效应。其中学生职业能力用相对数表示，故不取对数，其他变量进行取对数的处理。

（三）数据来源及说明

本章数据为 2003~2019 年的省级面板数据。数据主要来源于《中国统计年鉴》《中国教育经费统计年鉴》《中国科技统计年鉴》《中国劳动统计年鉴》。为提高参数估计的准确性，本章对原始数据进行以下处理：（1）对于 FDI 以及对外进出口额等以美元表示的数值，全部根据当年的汇率转换成以人民币为单位的数值。（2）生产性服务业 FDI 由交通运输及仓储，邮储业，信息传输、计算机服务和软件业、批发和零售贸易业、金融保险业、租赁和商务服务业、科学技术服务业等行业加总而成。扣除生产服务业之外的服务业为非生产性服务业。（3）关于职业教育经费投入指标，2003～2006 年的测算方法为：（技工学校投入经费＋中等师范投入经费＋职业中学投入经费＋中等专业学校投入经费）/技工学校人数＋中等师范人数＋职业中学人数＋中等专业学校人数），2007 年之后用"中等职业学校生均支出"度量。主要变量的描述性分析参见表 5.1。

表 5.1　　各变量的描述性统计结果

变量	均值	标准差	最小值	最大值
FDI（百万元）	47918	50631	163.834	225732
制造业 FDI（百万元）	26066	35181	0.311	344405
生产性服务业 FDI（百万元）	12582	38901	0.338	578202
非生产性 FDI（百万元）	10108	17453	0.203	190381
职业教育投入经费（元）	8608.292	7602.836	866.308	66524.890
学生职业能力	0.631	0.153	0.281	0.976
经济增长（rgdp）	0.103	0.030	0.005	0.196
对外开放程度（op）	30.356	32.766	2.845	187.500
基础设施（infra）	77232	69143	2109	556510
政策支持（fiscal）	20.218	8.148	7.678	45.746
劳动力成本（wage）（万元）	4.393	2.581	1.052	17.321
市场化水平（market）	44.524	95.498	7.022	1148.900

二、结果分析

（1）首先将样本数据分别进行固定效应和随机效应回归，利用豪斯曼检验选择模型，结果参见表 5.2。

表 5.2　　　　　　　　　　豪斯曼检验结果

		豪斯曼检验		
H0：随机效应 H1：固定效应	（1）	卡方统计量	自由度	Prob.
		40.82	8	0.000
	（2）	卡方统计量	自由度	Prob.
		47.87	8	0.000

模型（1）和模型（2）分别是以职业教育规模和教育质量为核心解释变量的模型检验，检验结果的 p 值表明拒绝原假设，选择固定效应模型。

（2）基准回归结果分析。表5.3中模型（1）~模型（3）列显示的是职业教育规模的全行业 FDI 固定效应回归结果，模型（4）~模型（6）列显示的是职业教育质量的全行业 FDI 固定效应回归结果。（1）~（3）列增减了控制变量，可以看到在没有任何控制变量的情况下，职业教育规模的系数为 0.638，并且通过了 1% 的显著性水平检验，控制变量加入以后，系数虽有所降低，但显著性与之前保持一致。回归结果表明职业教育规模扩大有利于 FDI 流入，可能的原因在于教育规模扩大增加了以就业为导向的职业教育学生人数，提升了职业教育层级的人力资本积累，进而扩大了技术技能型劳动力规模，改善了人力资本结构，更好地匹配了 FDI 对劳动力人力资本的需求，发挥了对产业集聚和技术溢出的效应，从而吸引外商直接投资的进入。模型（4）表明职业教育质量的参数回归结果在 1% 的显著性水平上通过了检验，模型（5）~模型（6）加入了控制变量之后系数值虽有所降低，但符号没有变化，并且均在 1% 的显著性水平上通过检验，说明职业教育质量的提升亦有助于 FDI 的流入。原因在于教育质量提升意味着职业教育办学水平上升、毕业生质量提高，增强职业教育的劳动力市场适应性，培养更优质的技术技能型人才，提高人力资本质量和劳动生产率，吸引外商直接投资。

表 5.3　　　　职业教育规模及质量对全行业 FDI 回归结果

	（1）	（2）	（3）	（4）	（5）	（6）
教育规模	0.638 *** [0.035]	0.427 *** [0.113]	0.462 *** [0.116]			
教育质量				3.100 *** [0.201]	1.257 *** [0.248]	1.397 *** [0.250]
经济增长		0.864 *** [0.093]	0.852 *** [0.095]		0.843 *** [0.091]	0.816 *** [0.092]
对外开放程度			0.167 * [0.083]			0.225 ** [0.083]
基础设施		0.112 * [0.048]	0.116 * [0.048]		0.0952 * [0.047]	0.100 * [0.047]
政策支持			-0.289 [0.229]			-0.212 [0.220]
劳动力成本		0.602 *** [0.139]	0.672 *** [0.147]		0.875 *** [0.066]	0.940 *** [0.095]
市场化水平			-0.033 [0.031]			-0.046 [0.030]
常数项	18.16 *** [0.310]	6.500 *** [1.084]	7.641 * [3.405]	21.780 *** [0.129]	6.904 *** [1.071]	6.185 [3.256]

注：* 表明在 10% 显著性水平上显著，** 表明在 15% 显著性水平上显著，*** 表明在 1% 显著性水平上显著。

回归结果表明经济增长、基础设施、劳动力成本和对外开放程度等控制变量对 FDI 影响比较显著。比如，从模型（3）和模型（6）可以看出经济增长的回归系数为正，且通过了 1% 的显著性检验，说明经济增长显著促进了 FDI 的流入，符合理论预期。基础设施的回归系数明显为正，在 10% 的显著性水平上通过检验，说明基础设施越完善，交通运输成本越低，越能够吸引国际直接投资。

三、异质性分析

改革开放之后，进入我国的 FDI 规模不断扩大，但存在显著的行业分布不均。2000 年制造业 FDI、生产性服务业 FDI 和非生产性 FDI

所占总 FDI 比重分别为 63.4%、4.9%、20.8%。相比较之下，2020 年虽有所改善，但所占比重仍存在显著差异，分别为 21.4%、58.4%、15.9%，制造业 FDI 和非生产性服务业类的 FDI 的比重有所下降，而生产性服务业 FDI 所占比重提高了近 12 倍，参见图 5.3。

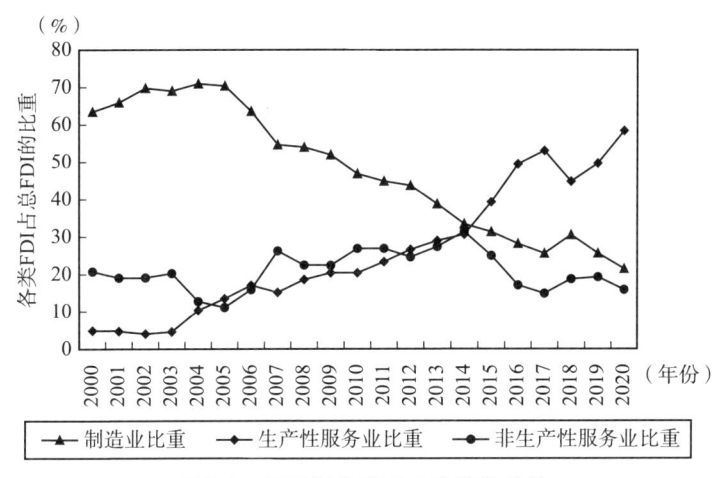

图 5.3 不同行业 FDI 占比变化趋势

资料来源：根据 2000~2020 年《中国统计年鉴》相关数据整理。

不同行业对劳动力人力资本的需求存在差异，相应的职业教育对不同行业 FDI 区位选择的影响也存在差异。本章将 FDI 区分为制造业 FDI、生产性服务业 FDI 和非生产性服务业 FDI，然后定量分析职业教育对不同行业 FDI 产生的异质性影响。

（一）制造业 FDI

表 5.4 为职业教育规模和质量对制造业 FDI 的回归结果。其中，模型（1）~模型（3）通过改变控制变量来观察职业教育经费投入的影响。回归结果表明，在包含不同控制变量的模型中，职业教育规模的系数均为正。模型（1）~模型（2）回归系数在 1% 的显著性水平通过检验，模型（3）模型回归系数在 5% 的显著性水平通过检验。回归系数为正，说明职业教育规模扩大明显促进了制造业 FDI 的流入。采

用类似方法，模型（4）~模型（6）检验职业教育质量对制造业 FDI 的影响是否稳定。可以看出，模型（4）~模型（6）回归结果中职业教育质量的系数明显为正，且都在 1% 的显著性水平上通过检验，说明职业教育质量提升也促进了制造业 FDI 的流入。制造业在国民经济发展过程中发挥了重要作用，制造业 FDI 曾经占据 FDI 总规模半数比例以上，职业教育规模扩大，导致劳动力人力资本存量增加和结构优化首先影响制造业 FDI，与理论分析结论相吻合。随着制造业的转型升级，对劳动力人力资本的层级也将提出更严格的要求，职业教育发展质量提高带来的人力资本结构优化效应可提高人力资本与制造业 FDI 的匹配度，正向促进制造业 FDI 流入。

表 5.4　　　　以制造业 FDI 为被解释变量的回归结果

	（1）	（2）	（3）	（4）	（5）	（6）
教育规模	0.703 *** [0.069]	0.760 *** [0.069]	0.623 ** [0.202]			
教育质量				2.787 *** [0.334]	3.156 *** [0.338]	1.642 *** [0.420]
经济增长	1.063 *** [0.151]	0.961 *** [0.150]	0.982 *** [0.159]	0.647 *** [0.138]	0.529 *** [0.138]	0.951 *** [0.157]
对外开放程度		0.563 *** [0.137]	0.596 *** [0.139]		0.609 *** [0.145]	0.665 *** [0.140]
基础设施			0.031 [0.080]			0.013 [0.079]
政策支持			−0.321 [0.386]			−0.274 [0.379]
劳动力成本			0.272 [0.259]			0.697 *** [0.162]
市场化水平			−0.075 [0.051]			−0.092 [0.050]
常数项	9.386 *** [1.512]	0.144 [2.690]	3.097 [5.691]	16.640 *** [1.081]	6.989 ** [2.519]	1.608 [5.556]

注：* 表明在 10% 显著性水平上显著，** 表明在 15% 显著性水平上显著，*** 表明在 1% 显著性水平上显著。

从控制变量的回归系数来看，对制造业 FDI 的影响较大的因素包括经济增长和对外开放程度。经济增长和对外开放程度的回归系数均显著为正，说明经济发展水平和对外开放程度越高，对制造业 FDI 的吸引力越强。

（二）生产性服务业 FDI

表 5.5 为考虑职业教育规模和质量影响生产性服务业 FDI 的回归结果。其中模型（1）~模型（3）通过增减控制变量观察职业教育经费投入对生产性服务业 FDI 影响结果的稳定性。从表中数据可知，职业教育规模的回归系数为正，参数估计结果在不同显著性水平下通过检验，说明职业教育规模扩大有利于生产性服务业 FDI 的流入。模型（4）~模型（6）描述的是职业教育质量对生产性服务业 FDI 的影响。可以看出，职业教育质量系数虽为正，但未通过显著性检验，说明职业教育质量的提高未对生产性服务业 FDI 产生明显的促进作用。经济发展水平提高之后，生产性服务业对其他行业发展发挥着基础性作用，对劳动力人力资本规模和质量的要求相对更高。回归结果表明，职业教育质量未显著影响生产性服务业 FDI，可能的原因在于很长时间内，我国职业教育处于规模扩张阶段，教育质量的提升相对滞后，导致职业教育质量的影响可能存在一定的时滞性，这与职业教育发展以及生产性服务业 FDI 对劳动力人力资本层级要求更高的现实情况相吻合。

表 5.5　以生产性服务业 FDI 为被解释变量的回归结果

	（1）	（2）	（3）	（4）	（5）	（6）
教育规模	1.562 *** [0.087]	0.731 ** [0.247]	0.791 ** [0.253]			
教育质量				0.464 [0.583]	0.541 [0.560]	0.545 [0.560]
经济增长	1.171 *** [0.191]	1.140 *** [0.190]	1.191 *** [0.200]		1.073 *** [0.199]	1.088 *** [0.199]

续表

	(1)	(2)	(3)	(4)	(5)	(6)
对外开放程度		0.187 [0.174]	0.206 [0.177]	0.363* [0.184]	0.153 [0.180]	0.165 [0.181]
基础设施			-0.028 [0.103]	0.114 [0.102]	-0.051 [0.103]	-0.064 [0.103]
政策支持			-0.844 [0.487]		-0.607 [0.485]	-0.588 [0.486]
劳动力成本		1.064*** [0.288]	1.272*** [0.312]	1.442*** [0.131]	1.979*** [0.207]	1.968*** [0.207]
市场化水平			-0.043 [0.065]	-0.038 [0.068]		-0.063 [0.065]
常数项	-0.051 [1.915]	-7.056* [3.536]	4.100 [7.292]	-1.231 [3.677]	0.986 [7.300]	0.810 [7.303]

注：* 表明在10%显著性水平上显著，** 表明在15%显著性水平上显著，*** 表明在1%显著性水平上显著。

（三）非生产性服务业 FDI

表5.6为考虑职业教育规模和质量影响非生产性服务业 FDI 的回归结果。通过观察模型（1）~模型（3）的回归结果可以看出，职业教育规模的系数显著为正，参数估计结果通过显著性检验，说明职业教育规模扩大有利于非生产性服务业 FDI 的流入。模型（4）~模型（6）描述的是职业教育质量对非生产性服务业 FDI 的影响，核心解释变量的系数与以生产性服务业 FDI 为被解释变量的模型结果类似，职业教育质量的系数没有通过显著性检验，说明职业教育质量提升没有显著影响到生产性服务业 FDI 的进入。

表5.6　职业教育规模与质量对非生产性服务业 FDI 回归结果

	(1)	(2)	(3)	(4)	(5)	(6)
教育规模	0.877*** [0.091]	0.873*** [0.093]	0.630* [0.251]			

续表

	（1）	（2）	（3）	（4）	（5）	（6）
教育质量				－0.488 ［0.577］	－0.445 ［0.581］	－0.675 ［0.597］
经济增长	1.209*** ［0.199］	1.199*** ［0.207］	1.222*** ［0.211］	1.091*** ［0.209］	1.097*** ［0.210］	1.123*** ［0.210］
对外开放程度			0.264 ［0.186］	0.158 ［0.190］	0.166 ［0.190］	0.186 ［0.191］
基础设施			0.021 ［0.106］	0.005 ［0.108］	0.012 ［0.108］	0.012 ［0.108］	－0.010 ［0.108］
政策支持			－0.706 ［0.501］		－0.304 ［0.486］	－0.280 ［0.485］
劳动力成本			0.565 ［0.289］	1.104*** ［0.143］	1.192*** ［0.201］	1.179*** ［0.201］
市场化水平				－0.089 ［0.069］		－0.106 ［0.069］
常数项	5.671** ［1.993］	5.544** ［2.092］	9.388 ［7.595］	0.011 ［3.908］	3.972 ［7.435］	3.774 ［7.420］

注：*表明在10%显著性水平上显著，**表明在15%显著性水平上显著，***表明在1%显著性水平上显著。

四、稳健性检验

本章专注于研究职业教育发展与FDI区位选择的关系，但影响FDI区位选择的因素众多，模型设定可能存在遗漏变量。此外，考虑到教育发展的特征，其对经济的影响可能存在一定的滞后性，模型中的一些变量也可能存在相互影响的内生性问题。鉴于此，本章从改变时间样本、更换被解释变量指标、加入解释变量滞后一期和动态系统GMM模型估计这四个角度对模型的估计结果进行稳健性检验，以观察参数估计结果的准确性，参见表5.7。表5.7中模型（1）、模型（3）、模型（5）和模型（7）报告了职业教育规模的稳健性检验结果，模型（2）、模型（4）、模型（6）和模型（8）报告了职业教育质量的稳健性检验结果。

表 5.7　稳健性结果

模型	样本时间变至 2009~2019		更换被解释变量指标		解释变量滞后一期		动态 GMM 模型估计	
	(1)	(2)	(3)	(4)	(5)	(6)	(7)	(8)
lnaven	0.917*** [0.161]		0.238* [0.112]		0.302* [0.119]		0.571 [0.415]	
acompu		1.372*** [0.286]		1.091*** [0.241]		0.988*** [0.283]		1.791** [0.628]
L.lnfdi							0.577** [0.183]	0.616** [0.235]
常数项	26.526*** [6.248]	16.789** [6.132]	−3.238 [3.288]	−3.550 [3.140]	3.843 [3.646]	2.434 [3.504]	32.714* [14.405]	27.940** [10.784]
AR(1)							0.035	0.021
AR(2)							0.446	0.105
Hansen 检验							>0.1 (0.636)	>0.1 (0.613)
控制变量	控制	控制	控制	控制	控制	控制	控制	控制

被解释变量：FDI

注：*表明在10%显著性水平上显著，**表明在15%显著性水平上显著，***表明在1%显著性水平上显著。

（一）缩短时间样本

由于经济全球化，2008 年各国经济不同程度受到了美国次贷危机的冲击，特别是对与国际经济波动关系密切的 FDI 影响显著。因此，本章缩短了时间样本，对 2009~2019 年的样本进行了回归，结果见表 5.7 中模型（1）和模型（2）。可以看到，职业教育规模和质量的系数符号和显著性检验与前文中的基准回归结果大致相似，说明尽管存在外在经济冲击，职业教育规模扩大及质量提升依然有助于 FDI 的流入，与前文结论一致，说明回归结果具有稳健性。

(二) 更换被解释变量的指标

前文的 FDI 指标采用的是各省（市）的实际利用外资规模，这里更换成外资投资水平，计算方法为：外商直接投资/GDP。可以看到，职业教育规模系数符号跟前文一致，较前文显著性有一定程度降低，但不影响基本趋势，职业教育质量的系数符号以及显著性都与前文保持高度一致，证明基准回归结果是稳健的，详细回归分析结果参见表 5.7 中的模型（3）和模型（4）。

(三) 加入解释变量滞后一期

由于本章研究的是职业教育对 FDI 的流入问题，职业教育作为人力资本积累的重要方式，发挥作用需要一定时间，FDI 又是跨国公司的长期投资行为，故职业教育对 FDI 的影响可能存在时滞效应。借鉴已有做法，将解释变量以及控制变量滞后一期进行回归，估计结果显示两者显著性有所降低，但系数符号依旧与前文一致，结果具有稳健性，详细回归分析结果见表 5.7 中模型（5）~模型（6）。

(四) 使用动态面板模型估计

考虑到模型变量间的内生性，以及 FDI 的流入可能存在一定惯性，即当期 FDI 可能会受到上期 FDI 流入的影响，故在基准模型的基础上引入外商直接投资的滞后一期，使得模型成为动态面板模型。本章考虑使用 GMM 模型重新估计结果。GMM 又分为差分 GMM 估计方法和系统 GMM 估计方法，差分 GMM 容易出现弱工具变量的问题，使得模型估计结果不准确，本章使用二步系统 GMM 进行回归，相对于差分 GMM，系统 GMM 能够更有效解决内生性问题，并且二步系统 GMM 优势在于它还考虑到了异方差的问题，Hansen 检验的结果更具有稳健性。在上述基准回归模型中加入 FDI 滞后一期变量，扩展后的动态计量模型如下：

$$\ln fdi_{it} = \beta_0 + \beta_1 \ln fdi_{i,t-1} + \beta_2 \ln naven_{it} + \beta_3 \ln rgdp_{it} + \beta_4 \ln op + \beta_5 \ln infra_{it}$$
$$+ \beta_6 \ln fiscal_{it} + \beta_7 \ln wage_{it} + \beta_8 \ln market_{it} + \mu_i + \varepsilon_{it} \quad (5.3)$$

$$\ln fdi_{it} = \beta_0 + \beta_1 \ln fdi_{i,t-1} + \beta_2 aven + \beta_3 \ln rgdp_{it} + \beta_4 \ln op_{it} + \beta_5 \ln infra_{it}$$
$$+ \beta_6 \ln fiscal_{it} + \beta_7 \ln wage_{it} + \beta_8 \ln market_{it} + \mu_i + \varepsilon_{it} \qquad (5.4)$$

表 5.7 中模型（7）~模型（8）显示了二步系统 GMM 估计的核心解释变量结果，可以看到，两者的 AR（1）小于 0.1，AR（2）大于 0.1，说明扰动项存在一阶自相关，二阶无自相关，即满足了系统 GMM 模型的使用前提：扰动项无自相关。此外，Hansen 检验的值大于 0.1，接受了"所有工具变量有效"的原假设，且该检验具有稳健性。观察到动态面板模型中的核心解释变量系数基本与前文静态面板估计结果趋势相同，职业教育质量的系数显著性有所降低，其他控制变量的回归系数趋势基本与前文一致，因此使用固定效应模型对样本进行回归具有稳健性。此外，不管是职业教育规模还是质量，其外商直接投资的滞后一期都对现期外商直接投资有着明显的促进作用，这也说明外商直接投资具有一定的惯性。

第五节　结论与政策建议

本章从规模和质量两个维度实证研究了职业教育对 FDI 区位选择的影响。研究结果表明随着中央及各级政府对职业教育发展的重视，我国职业教育近年来无论是从规模上还是质量上均都得到了显著的提升。理论分析表明，职业教育可以通过劳动力人力资本提升、结构优化及借由其引致的产业集聚和技术溢出等途径影响 FDI 的区位选择。基于 2003~2019 年省级面板数据的实证研究发现在控制一系列影响因素之后，以职业教育经费投入为表征的职业教育规模对总体 FDI 及各类型 FDI 均产生了显著的促进作用。然而，以学生职业能力表征的职业教育质量虽然促进了总体 FDI 的流入，但对不同行业 FDI 的影响却有所不同。从实证回归结果来看，职业教育质量仅显著促进了制造业 FDI 的流入，对生产性服务业 FDI 和非生产性服务业 FDI 的影响是不显著的，这在一定程度上说明职业教育发展的劳动力人力资本存量提升效应优于结构改善效应。

发展职业教育是国家制定的重大教育发展战略，未来政府在推动职业教育规模扩大的过程中，更应重视职业教育的内涵式发展，在资金安排、专业设置、培养模式、教学标准、师资配置等方面重点考虑其与当地产业结构和经济发展水平的适配性，注重产教融合，充分发挥职业教育对包括 FDI 区位选择在内的经济变量的正向激励作用，提高其经济效应，促进当地产业结构转型升级和经济高质量增长。

参考文献

［1］单东方．经济政策不确定性对 FDI 影响研究［J］．经济问题，2020，(3)：42-49．

［2］樊纲，王小鲁，马光荣．中国市场化进程对经济增长的贡献［J］．经济研究，2011，(9)：4-16．

［3］傅元海，王展祥．不同类型人力资本对中国外商直接投资质量的影响［J］．中国人口科学，2009，(6)：80-87．

［4］高峰．利用外资促进我国产业结构优化作用机理探讨［J］．经济问题，2002，(11)：18-20．

［5］何兴强，欧燕，史卫，刘阳．FDI 技术溢出与中国吸收能力门槛研究［J］．世界经济，2014，37(10)：52-76．

［6］黄若云，秦丹．经济政策不确定性抑制外商直接投资吗？［J］．金融理论探索，2022 (2)：56-65．

［7］贾妮莎，韩永辉，邹建华．中国双向 FDI 的产业结构升级效应：理论机制与实证检验［J］．国际贸易问题，2014，(11)：109-120．

［8］匡瑛，石伟平．走向现代化：改革开放 40 年我国职业教育发展之路［J］．教育与经济，2018，(4)：13-21．

［9］李浩，黄繁华．互联网发展对 FDI 的影响及机制研究［J］．国际经贸探索，2021，37(9)：68-83．

［10］李梅．外商直接投资对中部地区技术创新能力影响的实证检验［J］．国际商务（对外经济贸易大学学报），2010，(5)：78-85．

［11］李玉江，徐光平．人力资本空间集聚对产业集群发展的影响［J］．山东师范大学学报（人文社会科学版），2008，(3)：91-96．

[12] 梁琦. 跨国公司海外投资与产业集聚 [J]. 世界经济, 2003 (9): 29-37.

[13] 刘红岩. 职业教育培训与劳动力市场的有效适配——基于江苏太仓职业教育案例的分析 [J]. 经济研究参考, 2015, (55): 30-38.

[14] 刘凯, 朱亚卓, 占少梅. 东道国劳动力异质性与 FDI 区位选择 [J]. 国际商务（对外经济贸易大学学报）, 2016, (5): 100-112.

[15] 刘万霞. 人力资本投资结构与地区经济增长——对职业教育发展的启示 [J]. 中国人口·资源与环境, 2014, 24 (S1): 235-238.

[16] 马双, 赖漫桐. 劳动力成本外生上涨与 FDI 进入：基于最低工资视角 [J]. 中国工业经济, 2020, (6): 81-99.

[17] 聂名华, 柳杨. 中国 FDI 区位选择影响因素变化的实证分析——基于 1984-2012 年的城市数据 [J]. 湖北社会科学, 2014, (5): 86-90.

[18] 潘春阳, 吴柏钧. 从"硬环境"到"软实力"：人力资本吸引 FDI 效应的实证研究 [J]. 上海对外经贸大学学报, 2019, 26 (1): 70-84.

[19] 祁占勇, 王志远. 经济发展与职业教育的耦合关系及其协同路径 [J]. 教育研究, 2020, 41 (3): 106-115.

[20] 石来斌, 夏新燕. 我国职业教育人力资本与产业结构优化升级关系的实证分析 [J]. 教育学术月刊, 2016, (11): 75-80.

[21] 孙浦阳, 韩帅, 靳舒晶. 产业集聚对外商直接投资的影响分析——基于服务业与制造业的比较研究 [J]. 数量经济技术经济研究, 2012, 29 (9): 40-57.

[22] 王硕, 殷凤. 集聚效应对服务业 FDI 区位选择的影响：基于产业维度的再分解与测度 [J]. 世界经济研究, 2021, (12): 103-115.

[23] 王伟. 职业教育质量对经济增长影响的实证分析——基于动态面板 GMM 模型 [J]. 教育学术月刊, 2017, (8): 58-63.

[24] 王星飞. 农民职业教育投入与农村人力资本产出分析——基于江苏省 2012—2018 年官方公布的数据 [J]. 地域研究与开发, 2020, 39 (3): 118-121.

[25] 王奕俊, 赵晋. 职业教育的规模、结构与质量对经济发展影响的实证分析 [J]. 教育经济评论, 2017, 2 (1): 20-34.

[26] 奚美君, 黄乾, 李蕾蕾. 最低工资政策对中国制造业企业出口的影响研究——基于 DID 与 Heckman 两步法相结合的方法 [J]. 财贸研究, 2019, 30 (1): 43-54.

[27] 苏丽锋. 职业教育发展对产业结构升级的支撑作用分析 [J]. 高等工程教育研究, 2017, (3): 192-196.

[28] 熊广勤, 殷宇飞. FDI 在中国西部地区的区位选择: 1998-2011 [J]. 经济问题探索, 2014, (9): 62-67.

[29] 闫福. 人民币汇率对我国吸收外商直接投资（FDI）的影响——基于外商投资动机与市场区位选择的思考 [J]. 河北经贸大学学报, 2014, 35 (3): 66-73.

[30] 张家滋, 吕浩然, 刘程军. 中国人力资本对外直接投资的吸引机制与地区经济发展差异 [J]. 中国科技论坛, 2015, (4): 100-105.

[31] 张宽, 黄凌云. 结构的力量: 人力资本升级、制度环境与区域创新能力 [J]. 当代经济科学, 2022, 1-16.

[32] 张先锋, 陈婉雪. 最低工资标准、劳动力素质与 FDI [J]. 工业技术经济, 2017, 36 (2): 87-95.

[33] 朱德全, 石献记. 从层次到类型: 中国职业教育发展百年 [J]. 西南大学学报（社会科学版）, 2021, 47 (2): 103-117.

[34] 朱文涛, 顾乃华. 土地价格与 FDI 的区位选择——基于空间杜宾模型的实证研究 [J]. 国际贸易问题, 2018, (11): 162-174.

[35] Asadullah M A, Ullah A Z. Social-economic contribution of vocational education and training: an evidence from OECD countries [J]. Industrial and Commercial Training, 2018, 50 (4): 172-184.

[36] Lucas R E Jr. Why doesn't capital flow from rich to poor countries? [J]. The American Economic Review, 1990, 80 (2): 92-96.

[37] Lucas R. E. On the mechanics of economic development [J]. Journal of Monetary Economics, 1988, 22 (1): 3-42.

[38] Romer P. M. Increasing Returns and Long – Run Growth [J]. Journal of Political Economy, 1986, 94 (5): 1002 – 1037.

[39] Salike N. Role of human capital on regional distribution of FDI in China: New evidences [J]. China Economic Review, 2016, 37: 66 – 84.

[40] Samoliu N, Bilan Yuriy, Mishchuk Halyna. Vocational training costs and economic benefits: exploring the interactions [J]. Journal of Business Economics and Management, 2021, 22 (6): 1476 – 1491.

[41] Schultz W. Investment in humancapital [J]. American Economic Review, 1961, 51 (1): 1 – 17.

[42] Wallenborn M. Vocational Education and Training and Human Capital Development: Current Practice and Future Options [J]. European Journal of Education, 2010, 45 (2): 181 – 198.

第六章

教师工作监管与大学行政职能异化

当劳动力市场存在信息不对称，工作监管是提高劳动效率的有效制度安排。在大学，由于无法获得关于教师及其工作状态的所有信息，也难以找到完全准确的绩效评价指标来推测教师的工作状态，对大学教师的适度工作监管可以激励教师努力工作、提高工作效率。但是，如果大学无法提供给教师合理工资，即不能提高努力工作带来的预期效用，大学行政将对教师工作进行严监管，工作监管成为行政部门的重要职能之一，并容易以监管名义进行权力扩张，偏离服务行政的原本职能，导致行政职能异化。为促进大学向学术性本质回归，要求大学提高教师的工资待遇，对教师工作进行合理监管，科学确定行政权力边界，防止行政职能异化。

第一节 引 言

教师与行政人员是大学中两大重要的群体，两者相互合作、共同参与大学治理，是现代大学的基本特征之一。由于办学模式、政治体制、历史传统等因素的不同，各个国家的大学治理方式存在较大差异，教师与行政部门之间的关系、大学的组织文化也表现出巨大的不同，反过来会影响大学的治理水平和高等教育产出。从大学治理的演变历史来看，在高等教育较为发达的国家，大学经历了由行政职能萌芽到过度行政化、再向行政原本服务职能回归的过程，发展经验表明合理地确定大学行政的权力边界，有利于改善教师群体与行政部门之间的关系，形成大学组织内部良好的合作与互动，激励教师进行教学科研创新，提高大学的办学效率。

我国大学以政府主办的公立大学为主，大学行政的属性和职能与欧美大学有所不同，行政职能异化普遍存在于国内大学，成为提升大学办学效益面临的重要瓶颈。2017年，国家发布的《国家教育事业发展"十三五"规划》明确提出"深化学校管理人员职员制改革，建立符合学校特点的管理制度，鼓励高校推进内设机构取消行政级别试点，克服行政化倾向"①，为大学行政向其原本职能回归、推进高等教育供给侧改革提供了政策指引。本章从大学教师教学科研工作的特点出发，利用委托—代理模型，基于教师工作监管视角，为大学行政职能异化提供一个新的解释视角，也为制定去除大学行政化的改革措施提供理论借鉴。

第二节　大学行政的职能与对大学行政职能异化的解释

中世纪欧洲大学产生伊始，大学行政性事务有限，学者就是大学的管理者，不存在独立的行政机构和专职行政人员。随着大学办学规模的扩张，大学的功能逐渐多元化，除学术管理之外的其他事务增加，大学行政成为专门承担行政管理职能的部门，组织规模逐步扩大，逐渐形成了一个包含各级主管和行政机构在内的较为完备的科层体系。大学行政产生的初衷是由专门人员和部门处理日益庞大的行政事务，促使大学从"学术共同体"转向"学术—行政共同体"。大学行政部门的出现完善和细化了大学治理中的分工体系，各司其职，有利于提

---

① 参见网站：http：//www.ndrc.gov.cn/fzgggz/fzgh/ghwb/gjjgh/201705/t20170511_847116.html，实际上，2010年《国家中长期教育改革和发展规划纲要（2010－2020）》就提出了"推进政校分开、管办分离"的政策导向，引导大学去除过度行政化（参见http：//www.moe.edu.cn/srcsite/A01/s7048/201007/t20100729_171904.html）。

高大学的办学效率。以美国大学为例,贝弗莉·伯里斯和沃·戴德布兰德认为,19世纪末至20世纪初,在工业化、城市化和大规模移民的时代背景下,美国的社会文化发生变化,要求大学集中化和标准化,此时,大学行政成为美国大学发展水平迅速提升和结构转型的重要推动力。

大学行政部门的出现为大学的专业化、规模化和标准化发展发挥了不可替代的作用,但也容易导致权力膨胀和行政职能异化,比如美国高等教育在获得大学行政部门扩张带来的收益的同时,大学管理出现了官僚化趋势,由管理者组成的科层体系掌握了大部分权力,过度行政化和集权化显现。时至今日,各个国家的大学由于受办学体制、治理传统等因素的影响,大学行政职能已出现极大分化,甚至与设立行政部门的初衷背道而驰。相比之下,英美国家的大学行政管理仍然以服务教师和学生为主,大陆法系的德国,大学行政部门的权力局限于处理与教学、研究、课程及进修等有直接关系的行政事务,权力范围有限,符合大学行政原本的职能。

与欧洲大学起源于行会组织不同,中国大学产生之初便与政府具有密不可分的联系,具有行政职能异化的基因。相关研究认为国内大学的行政隶属关系是导致大学行政职能异化的主要原因,袁春艳和张维平将大学行政权力泛化归因于政府行政权力在高校的过度延伸以及大学行政权力缺乏足够监督,致使学术权力被边缘化,行政权力扩张。别敦荣和徐梅(2011)认为我国大学行政人员具有一定的行政层级,容易导致原本应独立的学术场域依附于政治权力,带来大学治理过程中的过度行政化[①],导致了与现代大学学术性本质的背离。任何一个社会组织的存在都依附于自身所处的制度环境,在相应的制度环境下通过合法机制进行资源配置,更容易节约交易成本。陈金圣和龚怡祖(2011)在新制度主义理论框架下,认为在"泛行政化"的社会生态下,外部制度环境导致了大学与其他社会组织(尤其是政府部门)的"制度同形",以此解释当前大学行政乱象的现状。另外,大学行政权

---

① 行政职能异化是指行政部门偏离其原本职能,过度行政化是行政职能异化的表现之一。

力边界不明确以及行政权力固有的裁量性、主动性和广泛性等属性极易导致权力扩张,甚至被滥用。

大学所处的外部环境固然是影响大学治理方式和行政部门职能的重要因素,但无法解释早期处于其他制度环境下西方国家的大学也存在的行政职能异化现象。本章研究认为,大学教师工作的特性、大学的发展水平和治理理念等也应成为解释其行政职能异化的视角。

第三节 大学行政职能异化:低工资导致对大学教师工作的严监管

奥瑟·哥尼扎卡、斯维恩·科维卡将行政化归结为三种类型:一为马克斯·韦伯的科层体系,依据正式的规章制度管理组织;二为日常工作管理中的官僚主义;三为组织中某个部门增长的目的在于对业务人员进行监督和控制,或者是支持,本章所指的大学行政职能异化主要是指大学行政对教师工作的严监管超过了合理范围,一定程度上挤压和替代了部分服务于教师的职能。

一、工作监管的基准理论模型

对于国内公立大学而言,大学行政兼具"代理人"和"委托人"的双重身份:一方面,来自政府的公共教育投入是国内大学办学资金的主要来源,大学行政管理部门作为出资者的代理人,成为管理教师的实际雇主;另一方面,作为大学日常工作的管理者,以委托人的身份通过制定和完善各项管理制度,激励教师努力工作,提高办学水平。本章借助于雇主与劳动者之间的委托—代理"偷懒"模型,为大学普遍存在的过于严格的教师工作监管提供解释。

在竞争性的劳动力市场上,劳动者的个人信息和工作状态被完全获知,雇主可以通过支付与劳动者人力资本等价的工资,作为劳动者努力工作的激励。然而,劳动力市场是典型的非竞争性市场,雇主通常很难获知包括劳动者人力资本、风险承受能力等在内的所有个人信息,也难以观测到劳动者的真实工作状态,容易导致劳动者的投机行为,带来"道德风险"和"逆向选择"问题。因为随机因素的存在,高努力仅在某一概率上带来高产出,根据劳动者的产出推测其工作努力程度并支付相应工资并不是最有效的激励方式。为减少信息不对称导致的劳动力资源误置,工作监管作为一种重要的制度安排,成为工资激励的有效补充。假定教师作为代理人可以选择两种工作状态:(1)努力(e),努力工作需要支付时间与精力成本,带来负效用 $c(c>0)$,但会带来产出 y;(2)偷懒(0 努力),偷懒不需要任何成本,不会带来负效用,当然产出为 0。为简化分析,假定教师的产出不可观测,时间 t 给教师提供的工资为 w_t,如果被发现具有偷懒行为,则仅获得 t 期工资,之后被辞退。过高的监管成本限制了对教师进行完全监管,仅以概率 p 进行监管,p 值大小反映了监管的严格程度。同时假定教师可能以 q 概率丢失工作,假定教师为风险中性,其在 t 期努力工作可得到的预期效用为 V_t,如下:

$$V_t = w_t - c + \delta[(1-q)\text{Max}(V_{t+1}, V_{t+1}^s) + q\overline{V}_{t+1}] \quad (6.1)$$

δ 为贴现率,V_{t+1} 表示在 t+1 继续努力工作将获得的预期效用,V_{t+1}^s 为教师在 t+1 不再努力工作将获得的预期效用,$\overline{V}_{t+1}$ 表示 t 期之后教师被辞退重新寻找工作的预期效用。教师也可以在 t 期不努力工作,获得的预期效用为:

$$V_t^s = w_t + (1-p)\delta[(1-q)\text{Max}(V_{t+1}, V_{t+1}^s) + q\overline{V}_{t+1}] + p\delta\overline{V}_{t+1} \quad (6.2)$$

如果要鼓励教师在每期都选择努力工作,必须满足约束条件:$V_t \geq V_t^s$,通过计算,该条件等价于:

$$V_{t+1} - \overline{V}_{t+1} \geq \frac{c}{p\delta(1-q)}, \quad \forall t \geq 0 \quad (6.3)$$

以上约束条件说明,倘若要让教师在 t 期努力工作,必须要求教师选择努力工作在 t+1 能得到的预期效用足够大于雇佣关系终止重新就业得到的预期效用,否则"偷懒"是教师的理性选择。

二、低工资与对大学教师工作的严监管

如果设定模型中的外生性参数,根据理论模型的均衡解,可以通

过选择不同的政策组合减少教师的"偷懒"行为：（1）高 v、低 p，即努力工作的高预期效用、低监管概率；（2）低 v、高 p，即努力工作的低预期效用、高监管概率。如果工资是决定教师努力工作预期效用的核心变量[①]，高工资可以激励教师努力工作，减少"偷懒"行为，符合效率工资理论的研究假说。相反，如果大学无法承诺教师努力工作可以得到的高预期效用，即无法提供教师足够的高工资，为避免教师的"偷懒"行为，大学必须提高监管概率。可以预测那些可以给教师提供合理工资水平的大学，对教师工作的监管力度会相对较弱，而在无法给教师提供合理工资水平的大学，行政部门会强化对教师的工作监管，该结论一定程度上解释了教师收入差距较大的欧美大学与中国大学行政部门在教师工作监管方面的差别，也可以解释我国东中西部大学行政部门对教师工作监管制度设计方面的差异[②]。

改革开放尤其是高校扩招之后，中国高等教育发展迅速，公共高等教育支出逐年递增，多数大学的教学科研环境得到改善。然而与此不同的是，扣除通货膨胀，大学教师的实际工资水平增长缓慢，与教师的人力资本不匹配，"脑体倒挂"现象显著。调查数据显示，中国大学教师工资处于全球被调查的 28 个国家的倒数第三，不但低于经济发展水平较高的加拿大，还低于与中国经济发展水平接近甚至比中国发展水平更低的巴西、印度等国家。行业比较发现，国内大学教师的工资与企业部门、政府事业部门的工资差距明显，与公务员收入和人均 GDP 的比值较低，李军甫和武斌以北京 18 所大学为样本，调查发现 50% 的大学教师对自己的收入不满意。由于教师工资水平相对较低，降低了高层次人才从事教学科研工作的回报率，因此，为激励教师在低工资水平下提高对教学科研工作的投入，适度提高工作监管力度是大学行政部门的最优选择。对教师工作的严监管普遍存在于国内各大高校，尤其是中西部大学监管力度可能高于收入水平相对较高的东部大学。

---

① 工资不是决定教师预期效用的唯一因素，还包括教师在学校工作获得的非货币福利，甚至包括培养人才、受学生尊重、突破科研难关等形成的主观心理感受。

② 此结论仅为理论上的推测，后续研究希望能基于数据对此结论进行经验检验。

三、大学对教师工作监管的制度安排

高等教育的功能定位包括人才培养、科学研究和社会服务[①],大学教师的工作内容以及行政部门对教师工作监管的领域主要集中于教学、科研和社会服务三方面。与教学科研两项工作相比,社会服务因为具有来自市场收益的激励,监管力度相对降低,与教学科研相关的工作是行政部门监管的核心。由于大学教师的各项工作具有不同特点,行政部门对其监管方式也不尽相同,本章从三个方面分析对大学教师的工作监管。

(一)教学监管

通过知识传授提高大学生的专业素养和人力资本水平是大学人才培养的首要任务,也是大学教师的工作重点。从教育回报的角度来看,学生专业人力资本水平的高低可以通过其收入体现,评价人才培养质量最佳指标应该是由高等教育贡献的学生终身收入的贴现值。然而,即便可以通过毕业生的职场表现预估其终身薪资水平,也存在两个理由导致无法对单个教师的教学水平和人才培养质量进行完全准确的评价:其一,人才培养是一个复杂的系统工程,培养质量是多种教学资源共同投入得到的产出,难以分离出单个教师的边际贡献;其二,影响毕业生薪资水平的因素非常丰富,既包括学生接受的教育,也包括学生拥有的社会资本、职场中积累的工作经验等,难以准确测度出高等教育对毕业生薪资变动的边际贡献。正因如此,无法寻找到完全准确的指标评价并以此推断出教师的教学工作状态,教学监管成为多数大学对教师工作监管的重要制度安排,多数大学设计了比较完善的教学监管制度,以确保教学秩序的良好运行,如教学督查、学生评教、同行评教等。相对于其他行政管理制度,教学工作的监管频次和惩罚力度相对更大。

---

① 除以上三项之外,新时期高等教育的功能还包括文化传承创新,但不在本文的讨论范围之内。

（二）科研监管

与大学教师的其他工作相比，教师的科研绩效与其工作投入表现出更强的统计相关性，基于量化的科研绩效评价指标推断教师的科研工作投入，具有一定的合理性。多数大学通过对学术期刊和科研项目进行分级归类，以此评价教师的科研工作表现，并提供一定的奖励激励。但是，科学研究具有其特有的规律，各个学科的科研特征不完全相同，加之科研绩效评价指标也存在不完善之处①，大学行政仍然对教师的科研工作进行监管。首先，多数大学以较短的时间周期（比如一年）考核教师的科研工作状态，规定发表的论文数量和科研项目申报数量。然而，这些制度明显有悖于科研工作规律，导致教师急功近利，不利于产生高水平的科研成果。其次，很多大学要求不同职级的教师发表的论文数量不同，高级职称的教师通常承担比初级职称老师更重的科研任务，未充分考虑科研能力随年龄变化的变动趋势。另外，为防止科研工作中的搭便车行为，很多大学只认定本校教师署名为第一作者的科研成果，不利于科研团队之间的合作。大学教师科研绩效表现对提升大学的办学声誉具有很大的帮助，在高校无法提供给教师足够科研收益的情况下，尤其是从事基础科学研究的教师科研收益更低，对教师科研工作的严监管一定程度上可以保证教师的科研投入，维持良好的办学声誉。

（三）教师流动监管

虽然国内大学教师待遇存在一定的区域差异，不同地区大学的科研教学环境也有所不同，相对于欧美大学及国内其他行业的人才流动，中国大学教师的流动规模有限。在很长时间内，多数国内大学为教师流动设置了较高的流动惩罚，比如规定新进教师的最低工作年限、工作调动需要支付相应的赔偿金等，严格控制教师的流出。尤其是中西部一些高校，由于给教师提供的工资水平较低，教学科研业绩较好的

---

① 比如对期刊和项目级别的分类不够细致、未充分考虑各学科科研绩效评价的差异等。

教师流出意愿非常强烈。在此情况下，大学行政通过制定严苛的流动管理制度，控制本校教师的流出，避免人才流失对提高本校办学水平的不利影响。对教师的流动管制是大学行政在提供低工资水平下的另一项重要的监管职能。

以上分析表明，工作监管是提高教师工作效率的有效途径[①]，如果大学无法提供与教师人力资本相匹配的工资水平，大学行政将对教师工作进行严监管。当大学行政部门被赋予过多的监管职能，以工作监管为名的诸多行政权力便拥有了合法的存在基础，权力容易扩张，导致行政权力异化和泛化，以及对行政服务职能的挤压，引起教师与行政人员的冲突。正如孟德斯鸠所言："一切有权力的人都容易滥用权力，这是万古不易的一种经验，有权力的人行使权力一直遇到有界限的地方才休止。"工作监管越严格的大学，行政职能异化程度可能越高。

第四节　结论与政策建议

大学的规模化发展为大学行政部门的出现和扩张提供了充分的理由，大学行政亦为我国高等教育的快速发展作出了不可磨灭的贡献。然而，随着高等教育内涵式发展战略的推进，要求大学行政职能随之进行相应的变革。各国高等教育发展的实践充分说明，大学行政的职能异化通常容易扭曲大学的办学方向，成为制约提升高等教育质量的重要障碍，合理确定大学行政的权力边界，回归"服务行政"的原本职能势在必行。

本章基于信息不对称的委托—代理模型，揭示了大学行政对教师工作监管的必要性，依据模型分析发现，低工资容易导致对大学教师

[①] 需要说明的是，对大学教师工作监管的有效性还取决于监管方式是否有效，相关研究表明国内大学工作监管的制度安排较少取得预期的效果，在支付了较高监管成本的同时，反而因为违背了教学科研工作的规律，影响了教师的创新行为和长远发展，收效甚微。

工作的严监管，一定程度上导致了大学行政权力扩张、行政职能异化，为国内多数大学普遍存在的行政职能异化提供了一个补充性解释。弱化大学行政的工作监管职能是去除国内大学行政职能异化弊病、改善行政人员与教师关系的必要条件，也是激励大学教师进行教学科研创新的重要前提，需要在以下几方面作出努力：（1）提高大学教师的工资待遇，提供一个高于竞争性市场的效率工资，利用市场激励机制替代行政监管，既可以节约监管成本，也能缓和教师与行政部门的关系；（2）增加政府财政投入，改善教师的工作和生活环境，提升大学教师对职业的满意度，提高大学教师的职业认同感，强化教师的责任意识，以教师的自我约束替代行政监管；（3）健全大学教师流动制度，一来可以通过市场评价教师的工作绩效，二来以"用脚投票"的方式加强对所在大学行政部门的监督，规范大学行政职能，提高大学行政管理效率；（4）明确大学行政部门的权力边界，完善大学行政的科层体系，提高教师参与学校治理的话语权。

参考文献

[1] 柏培文. 高校教师与企业部门、政府事业部门的工资差异解析——以福建省为例 [J]. 经济与管理研究，2011，(6)：63-70.

[2] 别敦荣，唐世纲. 我国大学行政化的困境与出路 [J]. 清华大学教育研究，2011，(1)：9-12，24.

[3] 别敦荣，徐梅. 去行政化改革与回归现代大学本质 [J]. 中国高教研究，2011，(11)：13-16.

[4] 陈金圣，龚怡祖. 制度性同形：大学行政化的新制度主义解读 [J]. 大学教育科学，2011，(3)：48-54.

[5] 菲利普·阿特巴赫. 高校教师的薪酬：基于收入与合同的全球比较 [M]. 上海交通大学出版社，2014：3-5.

[6] 冯向东. 大学学术权力的实践逻辑 [J]. 高等教育研究，2010，(4)：28-34.

[7] 胡咏梅，易慧霞，唐一鹏. 高校教师收入不平等——基于中国和加拿大高校教师工资性年收入的比较研究 [J]. 中国高教研究，

2016，（11）：80-88.

［8］李从浩. 中国大学行政权力的合法性限度［J］. 高等教育研究，2012，（5）：16-21，44.

［9］李家宝. 一流大学的管理与改革［M］. 哈尔滨：哈尔滨工业大学出版社. 1994：36.

［10］李君甫，武斌. 大学教师的收入公平感研究——基于北京地区18所大学的调查［J］. 江苏高教，2015，（2）：38-41.

［11］李斯令. 行政法视角下高校行政权力的法律控制［J］. 高教探索，2012，（3）：31-33.

［12］李文平，沈红. 大学教师最关注什么——基于"2014中国大学教师调查"的分析［J］. 中国高教研究，2016，（1）：97-102.

［13］廉思. 我国高校青年教师社会不公平感研究［J］. 中国青年研究，2012，（9）：18-23，100.

［14］孟德斯鸠. 论法的精神［M］. 上海三联书店，2009.

［15］王建华. 中国大学转型与去行政化［J］. 清华大学教育研究，2012，（1）：23-32.

［16］王忠军，刘丽丹. 绩效考核能否促进高校教师突破性学术创新行为——基于自我决定理论的实证研究［J］. 高等教育研究，2017，（4）：52-60.

［17］吴伟伟. 高等学校教师流动管制与师资配置效率［J］. 高教探索，2017，（6）：110-113，118.

［18］郄海霞. 美国大学的行政化及去行政化改革［J］. 外国教育研究，2014，（11）：71-80.

［19］宣勇. 大学变革的逻辑（下篇）［M］. 人民出版社，2009：483-484.

［20］亚瑟·科恩. 美国高等教育通史［M］. 北京大学出版社，2010：140.

［21］袁春艳，张维平. 我国高校行政权力泛化的政府责任研究［J］. 国家教育行政学院学报，2011，（12）：32-35.

［22］Ase Gornitzka, Svein Kyvik, Ingrild Marheim Larsen. The

Bureaucratization of Universities [J]. Minerva, 1998, (36): 21 –47.

[23] Beverly H. Burris, Woy V Htydebrand. Education Control in the United States [J]. New Directions for Higher Education, 1981 (35): 5 –25.

[24] Demetrios Argyriades. From Bureaucracy to Debureaucratization? [J]. Public Organization Review, 2010, (10): 275 –297.

[25] Kezar A. What is More Important to Effective Governance: Relationships, Trust, and Leadership, or Structures and Formal Processes? [J]. New Directions for Higher Education, 2004, (127): 35 –46.

第七章

高校教师流动管制与师资配置效率

提高高校师资配置效率，是增加高等教育产出的充分条件。本书基于"偷懒"的委托—代理模型分析发现，高校严格的流动管制制度会降低教师的工作努力程度，从而引起师资错配，不利于提升教师个体的教育产出和高校教育总产出，并以"非升即走"的人事制度为例，分析了降低流动管制的有效性。要优化高校师资配置效率，需要对薪资待遇、考核标准、退出机制等人事制度进行改革，以达到提高高等教育总产出的目标。

第一节 引　　言

教师队伍是高等学校最重要的资源，也是决定高校核心竞争力的最主要因素，中外著名教育家都提到了教师资源对一所大学的重要性[1]。我国高等教育发展水平存在较大的区域差距，一定程度上源于师资水平的巨大悬殊。东部高校由于能提供较高的工资和完善的教学科研环境，可以吸引到优秀的教学科研人才[2]，而欠发达的中西部地区不

---

[1] 清华大学校长梅贻琦说过："所谓大学者，非谓有大楼之谓也，有大师之谓也"，哈佛大学校长艾略特也说过："大学的真正进步必须依赖于教师"。

[2] 东部高校专任教师的博士占比远高于中西部地区，作者从东部、中部和西部各选择了一所综合性大学，专任教师的博士占比分别为76%、28%和29%。

但难以吸引到优秀人才,而且人才流失严重,导致了中西部高校采取严格的人才管理制度。然而,严格的高校人才流动管制措施未必可以实现制度制定者的初衷,制度效率有待于深入探讨。

高校教师的教育产出和配置效率直接决定了所在学校的教育产出水平,提高个体教师的教育产出、优化教师资源配置效率是提高高等学校教育产出的充分条件。然而,类似于企业的资源错配,由于高等学校不完善的人才管理制度,可能导致一定程度的师资错配,降低个体教师的教育产出和所在学校的教育总产出。2017年1月,教育部颁布不鼓励东部高校从中西部和东北地区高校引进人才的通知[①],旨在减少欠发达地区高校人才资本流失,保障高层次人才对当地高等教育发展、科技进步和创新创业等方面的促进作用。在全国劳动力市场逐渐整合的背景下,如何在保证教育产出的基础上达到该政策的预期目标,应进行深入研究。本章将基于"偷懒"的委托—代理模型分析高校教师流动管制如何影响教师个体的产出和师资配置效率,进而影响高等教育总产出,提出提高高等学校师资配置效率的政策建议。

第二节 师资配置效率与制度对其的影响

教育生产函数与企业生产函数不存在本质差异,产出水平既取决于资源投入数量,也取决于生产技术和资源配置效率。高等学校作为重要的教育生产主体,可利用的资源包括除教师之外所有贡献于教育产出的投入,应该对人力资源、物质资源和管理理念等要素同时进行

[①] 教育部2017年1月25日发布《关于坚持正确导向促进高校高层次人才合理有序流动的通知》,参见http://www.moe.edu.cn/srcsite/A04/s7051/201701/t20170126_295715.html。

优化①，以达到产出效益最大化。

新古典经济学将资源投入之外其他贡献于产出的因素归结为全要素生产率（TFP），即索洛残差项，包括生产技术、生产纯效率、规模效率和资源配置效率。其中，资源配置效率是指当且仅当改变资源配置方式带来的产出水平增加，若改变资源配置方式无法带来产出水平增加，资源配置效率达到最大，无帕累托改进空间。然而，经济现实中由于政策偏向、制度不完善和信息不对称等原因，往往存在程度不一的资源错配。学校作为管理和决策主体，人事制度、考核制度等管理制度的偏失同样会带来资源错配，降低师资配置效率。与初等和中等学校相比，高校教师的工作内容复杂，在承担教学任务的同时，还需要完成科研任务和社会服务②，高校教师人力资本的多种特征，要求完善且具有较强针对性的激励措施，无效的制度安排在高校可能会带来更严重的师资错配问题。

翟志成、罗明姝（2000）给出了高校师资最优配置的评价标准，认为政府对高等教育管制较多，高校管理制度过于僵化，产生了偏离师资最优配置的四种负向效应。在高校，处于不同年龄阶段的教师具有不同的教学科研优势，有效性的工作安排应该充分发挥教师的比较优势，然而在一些高校，具有较强研究和创新能力、但缺乏教学经验的中青年教师承担了较重的教学任务，挤占了科研时间，而职称较高、教学经验丰富的教师教学任务较轻，导致师资错配问题，降低了学校总体的教学科研水平。新进教师往往具有较强的研究活力和科研潜力，但是在精英治理机制下，新进教工可能会稀释决策者的利益，对其职位产生冲击，得不到与其能力相匹配的职位，产生资源配置扭曲，降低教育产出。马海燕、周俊敏（2018）认为由于体制和管理模式僵化、价值意识混乱导致教师分工不明确，不利于教师发挥自身优势，影响

---

① 已有研究通常将高校资源分为有形资源和无形资源，有形资源包括人财物的投入，无形资源包括办学思想、理念、制度和校园文化等，将无形资源视为影响产出效率的因素可能更准确。

② 近年来很多高校提高了科研成果在绩效考核中的权重，导致教师重科研、轻教学，这本身就违背了高等教育的宗旨，是资源错配的表现。

了高等教育质量。

第三节 高校教师流动管制对教师工作努力与师资配置效率的影响

1999年高校扩招以来，大学入学率快速上升，在校生规模逐渐扩大，教师资源紧缺，很多高校严格控制教师流动，尤其是中西部高校在面临教师"东南飞"的情况下不得不严格控制教师流动。减少教师流动似乎可以提高学校的教育产出，实则不然。

一、模型选择

古典经济学在完全竞争市场的假定下认为市场供需关系可以形成一个合理的价格引导资源流动，从而实现最优资源配置。然而，经济现实中由于信息不对称、外部性等因素，存在市场失灵和交易成本，市场难以实现最优均衡（first-best），转向次优均衡（second-best），委托—代理模型基于博弈论方法完美分析了存在交易成本时的市场交易过程。劳动力市场是典型的非完全竞争市场，减少由此产生的"道德风险"和"逆向选择"问题是提高劳动力配置效率的关键。在高校，管理者无法获知每个教师的个人信息和工作状态，很难观测到他们真实的努力程度，也就无法基于竞争性市场机制来确定工资，只有通过设计合理的激励机制，吸引优秀人才、减少教师的"偷懒"行为，才能提高管理效率和教育产出。本章利用一个动态的"偷懒"模型分析高校教师流动管制与教师工作努力、师资配置效率的关系，并基于模型结论解释高校管理中的一些制度安排及其可能带来的结果。

二、模型的基本框架与均衡解

假定教师（代理人）可以选择两种努力水平：（1）正向努力（e），由于努力工作比较辛苦，会带来负效用$c(c>0)$，在t期实现产出y_t；（2）0努力，即"偷懒"，偷懒的负效用和产出均为0。如果产出可以观测，并且与努力成确定的函数关系，学校（委托人）可以根据产出水平判断教师的努力程度并支付工资；如果产出无法准确观测，则需要采取其他激励措施。高等教育的功能包括三方面：人才培养、科学研究和社会服务，大多数高校对教师的考核也主要基于这三方面。客观上讲，很难找到对应的指标准确评价三项工作的完成情况。首先，以人才培养为例，准确衡量培养质量的指标应该是毕业生终生收入的贴现值，然而却没有办法得到这一数据。影响毕业生工资的因素错综复杂，即便能够预测他们终生收入的贴现值，也很难准确分离出高等教育的贡献。另外，从教学安排来看，每个大学生都要接受系统的教学安排，很难界定单个教师对学生培养的边际贡献，也就无法根据边际原则确定教师的合理工资。其次，从科研考核来看，大多数高校对学术期刊和科研项目进行分类定级，以此确定科研产出的质量。该方法的弊端之一就是分类具有较强的主观性，类别较少，并不能够完全准确衡量科研产出水平。虽然高校可以通过制定更为细致的指标完善考核体系，体现教师绩效的差异，但总体上仍存在较大难度准确量化教师的各项教育产出。在本章的模型中，我们假定教师的产出不可观测，并假定每期给教师提供的工资为 $w_t(t=0,1,\cdots,+\infty)$，如果教师被发现做出 0 努力，则获得当期工资，然后被解雇。因为监督成本太高，高校以概率 p 对教师进行监督。另外，假定教师可能以一个外生性概率 q 丢失工作，比如学校面临办学经费困难而要辞退教师。为简化模型，假定教师为风险中性，如果教师在 t 期选择努力 e，预期跨期效用水平为 V_t：

$$V_t = w_t - c + \delta[(1-q)\text{Max}(V_{t+1}, V_{t+1}^s) + q\overline{V}_{t+1}] \quad (7.1)$$

δ 为贴现率，V_{t+1} 表示在 t+1 选择努力的预期效用，V_{t+1}^s 表示教师在 t+1 不再选择努力的预期效用，$\overline{V}_{t+1}$ 表示 t 期过后雇佣关系结束即重新寻找工作的预期效用。教师也可以在 t 期选择不努力，此时预期效用为：

$$V_t^s = w_t + (1-p)\delta[(1-q)\text{Max}(V_{t+1}, V_{t+1}^s) + q\overline{V}_{t+1}] + p\delta\overline{V}_{t+1}$$
$$(7.2)$$

如果学校要激励教师在每期都努力工作，激励约束就必须满足条件：$V_t \geq V_t^s$，该条件等价于：

$$V_{t+1} - \overline{V}_{t+1} \geq \frac{c}{p\delta(1-q)}, \quad \forall t \geq 0 \qquad (7.3)$$

激励约束条件说明，倘若要鼓励教师在 t 期努力，必须使得教师在 t+1 选择努力可以得到的预期效用足够大于终止雇佣关系重新就业得到的预期效用，否则教师就会选择"偷懒"。

三、研究假说

为分析高校教师流动管制对教师"偷懒"行为和师资配置效率的影响，在模型中设立一外生变量 u 表征高校对教师流动的惩罚，u 是一个负效用且满足 u>0，惩罚力度越大，u 的值越大。教师努力工作的预期效用为：$V_{t+1} - u$，可计算出新的激励约束条件为：

$$V_{t+1} - \overline{V}_{t+1} - u \geq \frac{c}{p\delta(1-q)}, \quad \forall t \geq 0 \qquad (7.4)$$

依据该约束条件，可得到以下研究假说：

（1）假定其他条件不变，如果高校设立足够高的流动惩罚 u，而不改变努力可以带来的预期效用 V_{t+1}，上述不等式可能发生逆转，导致教师的"偷懒"行为。

（2）如果高校设立较高的流动惩罚 u，同时提高监督概率 p，可以预防教师的"偷懒"行为。

（3）足够高的流动惩罚 u 无法激发教师的工作努力程度和潜在能力，不但会降低教师本人的教育产出，也会减少所在高校的教育产出。教师流动管制使得有能力的教师无法流入到可以提供更高薪资的高校，降低了师资配置效率和整个社会的教育产出。

以上研究假说可以解释部分高校管制越严效率越低的情况，也可以解释薪资越高的高校对教师流动管制越宽松的现实。人才流动的高罚金制度虽然可以防止人才流失，但也有可能导致教师在工作中的"偷懒"行为；相反，较低的流动惩罚虽然容易带来高端人才损失，但是只要高校能相应的提高薪资待遇和其他福利，提升努力的预期效用，就能激励教师的工作努力程度。另外，研究假说（2）表明提高监督概率可以在不提高努力预期效用的情况下减少"偷懒"行为，现实中确实有很多高校设立完善的监督制度，支付了较高的监督成本，然而监督制度的有效性却值得商榷。国内高校人事雇佣关系比较稳定，没有完善的退出机制，如果教师没有违反原则性的规章制度，一般不会面临被解雇的风险，即约束条件中的 q 较小，这在一定程度上导致了教师的"偷懒"行为。

第四节　"非升即走"制度分析

国内大多数高校人事制度比较严格，对青年博士和高端人才的流动限制较多，一些高校管理者意识到了传统人事制度的弊端，着手改革以期建立更有效的人事管理制度。近些年，国内一些著名高校为吸引境内外优秀博士和科研人才，激发教师的教学科研潜力，实施了"非升即走"制度，类似于欧美国家实行的"tenure track"，与传统人事管理制度存在较大差异。"非升即走"制度有几个显著特点：（1）考核目标明确，在雇佣合同中详细规定教学、科研和社会服务任务目标，比如限定学术论文发表的最低期刊级别、研究生培养数量等；（2）签约教师在合同期内获得明显高于具有传统编制教师的薪资待遇，并具有更完善的科研配套条件；（3）如果在合同期内完成了规定的任务量，通过专家和行政部门审议，签约教师可以与高校继续维持雇佣关系，也可与学校重新谈判或协议解除雇佣关系，如果未达到合同要求，则自然解除雇佣关系；（4）对合同候选人员进行严格筛选，减少"逆向选择"和机会主义行为；（5）合同时间较长，充分考虑了学生培养和科研过程的时间周期。

相对于传统人事管理制度，"非升即走"显著提高了教师努力工作的期望效用（V_t 和 V_{t+1}），可以有效激励签约教师在教学科研工作中的努力程度，同时提高个体教师和所在学校的教育产出。该制度基本将流动惩罚 u 设置为 0，签约教师可以根据对自身科研能力的评估和预测，选择继续签约、重新谈判或转移到其他更适合自己的高校或工作岗位，提高了教师资源的配置效率。

"非升即走"制度被国内越来越多"985"高校采纳和效仿，对提高教育产出，尤其是科研产出发挥了积极作用，具有较强的借鉴价值。比如"师资博士后"制度，其设计与"非升即走"制度类似，作为一种关于青年博士教学科研能力的信息披露机制，可以有效减少高校教师市场上的"道德风险"和"逆向选择"问题。该制度虽然增加了青年博士的科研压力，但可以在该制度下科学定位自身的科研能力和与岗位的匹配度，选择合适的就业岗位和薪资要求。可以预测，类似于"非升即走"和"师资博士后"的人事制度或将被越来越多的高校采纳。

第五节　结论与政策建议

高校在面临师资紧缺的情况下，通过提高师资配置效率可以有效增加教育产出。本章利用"偷懒"的委托—代理模型分析了高校教师流动管制对教师的工作努力和师资配置效率的影响，研究结论发现严格的流动管制并不能达到制度制定者的初衷，反而有可能会带来教师的"偷懒"行为，降低教育产出。相反，基于"非升即走"制度的分析从反面证明了高薪资、低流动管制可以激发教师的工作热情和潜力，提高高等学校的教学科研水平，并且可以作为一种信息披露机制，帮助教师寻找到匹配的工作岗位，提高师资配置效率。

降低高校教师市场的资源错配，充分激发教师教学、科研和社会服务的积极性和创造力是教育供给侧改革的重要目标。在我国，各级政府是高等教育的主要供给主体，高校承担对教师的管理和培养，为提高师资配置效率和教育产出，政府和高校应从以下几方面进行改革和完善：（1）制定有效细致的可考核标准。单个教师教育产出的测量难度大是导致"偷懒"行为的根本原因，当前高校教学科研的考核标准比较粗糙，应充分考虑不同学科教学科研工作的时间周期和具体特征，完善考核细节；（2）当前，高校教师的平均薪资待遇普遍偏低，尤其是财政实力有限的中西部高校，教师收入与当地平均工资持平，降低了努力工作的预期边际效用。要提高教师的工作努力程度，应充分发挥收入的激励作用；(3) 高校教师流动管制并不能从根本上提高教育产出，反而可能降低教育质量，应该在提升薪资收入的同时，降低流动门槛，鼓励教师寻找到与能力匹配的工作岗位；(4) 完善岗位退出机制和监督机制，打破对高校教师工作的传统认识，适度引入竞争机制，提高教师的工作积极性。

2017年1月，教育部提出不鼓励东部高校从中西部和东北地区高校引进人才，根据本章分析，要保障该项政策目标的实现，还需要从以上四个方面制定相关配套政策，避免高校教师的无序流动，充分发挥高校人才资本在"西部大开发""中部崛起"和"振兴东北"发展战略中的积极作用。

参考文献

[1] 陈颂. 高校教师师资配置效率问题研究 [J]. 辽宁教育行政学院学报, 2016 (1): 21 – 24.

[2] 金保华, 刘晓洁. 高等教育供给侧结构性改革的理论逻辑与实践路径 [J]. 教育与经济, 2016 (6): 17 – 23.

[3] 刘海洋, 袁鹏, 苏振东. 精英治理、人才引进与高校教师资源配置 [J]. 南开经济研究, 2010 (6): 137 – 150.

[4] 马海燕, 周俊敏. 高校教师资源配置的经济学分析 [J]. 当代教育论坛（校长教育研究）, 2008 (12): 56 – 57.

[5] 宋华明, 范先佐. 高校教育资源优化与办学经济效益 [J]. 教育与经济, 2005 (3): 9 – 12.

[6] 杨林. 从人力资本理论看高等教育教师的配置和激励 [J]. 思想战线, 2004 (6): 92 – 95.

[7] 翟志成, 罗明姝. 二元结构下高校教师资源配置和素质的缺陷及其优化 [J]. 教育与经济, 2000 (3): 49 – 52.

[8] 章跃. 边际效用理论与高校财力资源的优化配置 [J]. 江苏高教, 2001 (6): 26 – 28.

[9] 钟秉林. 优化高等教育资源配置 推进高等教育内涵发展 [J]. 重庆高教研究, 2014 (1): 1-4, 32.

[10] Chang-Tai Hsieh and Peter J. Klenow (2009). Misallcation and Manufacturing TFP in China and India [J]. The Quarterly Journal of Economics, 124 (4): 1403-1448.

[11] Coase R. H. (1937). The Nature of the Firm [J]. Economica, 4 (16): 386-405.

[12] Diego Restuccia and Richard Rogerson (2008). Policy distortions and aggregate productivity with heterogeneous establishments [J]. Review of Economic Dynamics, 11 (4): 707-720.

[13] Farrell M. J. (1957). The Measurement of Productive Efficiency [J]. Journal of the Royal Statistical Society, 120 (3): 253-290.

[14] Hanushek E. A. (1986). The Economics of Schooling: Production and Efficiency in Public Schools [J]. Journal of Economic Literature, 24 (3): 1141-1177.

[15] Kumbhakar S. C. and C. A. K. Lovell. Stochastic frontier analysis [M]. Cambridge: Cambridge University Press, 2000: 63-65.

[16] Mussa M., Rosen S. (1978). Monopoly and Product Quality [J]. Journal of Economic Theory, 18 (2): 301-317.

[17] Solow R. M. (1956). A Contribution to the Theory of Economic Growth [J]. Quarterly Journal of Economics, 70 (1): 65-94.

[18] Spence M, Zeckhauser R (1971). Insurance, Information, and Individual Action [J]. American Economic Review, 61 (2): 380-387.

第八章

经济增长对财政性高等教育投入的激励

人力资本流动导致地方高等教育财政投入产生显著的空间外溢效应，20世纪90年代大学毕业生就业体制市场化改革之后，人力资本向东部沿海地区聚集强化了这一效应，降低了经济增长之后地方政府投资高等教育的激励。本章基于人力资本流动视角，利用1999~2015年省级面板数据，实证研究了经济增长对高等教育财政投入的影响，识别增长水平不同地区高等教育财政投入的差异，研究结果表明：（1）经济增长虽然有利于提升高等教育财政投入，但经济增长水平更高的地区并没有表现出相对其他地区更强的高等教育投资意愿。西部地区人力资本输出规模较大，但经济增长促进高等教育财政投入的效应最强，而人力资本输入较多的东部地区，经济增长提升高等教育财政投入的效应最弱。（2）由于经济发展水平相近的地区面临相似的人力资本流动方向，地方高等教育财政投入受到经济邻近地区的影响，存在明显的空间示范效应，该效应在中西部地区最强，在东部地区最弱。（3）产业结构服务化要求匹配更高层级的人力资本，有利于形成对高等教育财政投入的倒逼机制。产业结构服务化率越高，地方政府越具有增加高等教育财政投入的激励，尤其是东部地区，激励效应最显著。为保障财政性高等教育经费投入，即需要地方政府将更多的公共资源投入到高等教育，也需强化中央政府发展高等教育的责任，完善人力资本市场，推动产业结构升级，促进高等教育从规模扩张向质量提升转型。

第一节 引 言

当前，在我国各层级的教育体系中，财政性教育经费占经费投入的主体，超过教育经费总投入的80%①。2012年，全国财政性教育经费占国内生产总值的比重达到4%的目标已经实现，各级政府投资教育的意愿增强，但是与其他国家相比仍存在差距，教育经费不足仍然是教育发展面临的核心问题。高等教育具有显著的人力资本提升效应，相关研究证实其对我国经济增长作出了重要贡献。随着我国经济结构的转型升级，高质量增长成为核心目标之后，经济发展对高层级人力资本的需求将会显著增加，高等教育促进经济增长的作用将日益增强。然而，高等教育与其他层级教育一样，面临着教育经费不足的问题，2015来自政府的高等教育投入为5930亿元，仅占GDP的0.87%，明显低于OECD国家1.1%的平均水平，难以满足高等教育内涵式发展路径对教育经费的需求。2017年，教育部等三部门联合发布了"双一流"大学和学科建设的实施办法②，随后部分省份也相继出台了省级一流高校和学科建设方案③，对教育经费的需求进一步提升。

图8.1显示1999至2015年我国高等教育财政投入省际差异的总体趋势比较平稳，仅在2011~2014年略有上升，与省域经济增长差异的变化趋势不完全相符。根据我国当前高等学校财政性经费的筹资体制，省级地方政府的经费投入是主体④，其投入意愿和规模在很大程度上决定了全国教育经费的总体水平。高等教育显著的经济增长效应是地方

---

① http：//www.moe.gov.cn/jyb_xwfb/s271/201808/t20180827_346254.html。
② http：//www.moe.gov.cn/srcsite/A22/moe_843/201701/t20170125_295701.html。
③ http：//xkxw.hebau.edu.cn/html/sjwj_576_465.html。
④ 教育部2017年公布的普通高校总数为2631所（包含735所民办高校），以中央财政作为主要经费支持的教育部和其他部委直属高校仅有115所，省属高校占公立高校总数之比超过90%。

政府增加经费投入的最强激励,然而,从高等教育经费投入的现实情况来看,经济发展水平更高、财政实力雄厚的发达省份并没有明显的显示出相比其他地区更强的投资高等教育的意愿。提升高等教育质量、促进经济高质量发展严格依赖于稳定而持续的教育经费增长,短期内,省级地方政府的财政性教育经费占主体的格局无法改变,因此有必要科学地认知地方政府高等教育投入的决策机制和影响因素,制定相应的激励政策,推动高等教育由规模扩张向质量提升转型。

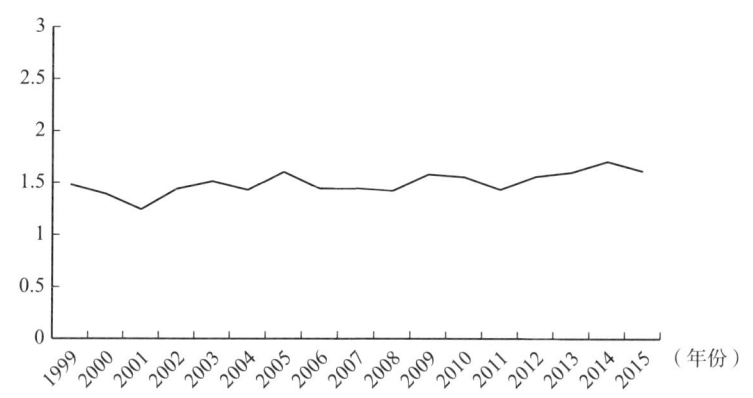

图 8.1　1999~2015 年各省份"地方普通高校生均教育经费"的变异系数
资料来源:依据《中国教育经费统计年鉴》(各年)中的数据计算得出。

第二节　文　献　综　述

高等教育作为准公共物品,教育经费投入与高等教育办学体制相关,在政府作为高等教育主要供给主体的国家,教育财政投入是高校办学的主要资金来源,也是影响高等教育发展水平的关键性因素。新中国成立至今,我国高等教育财政投入体制经历了由"统收统支"到"划分收支,分级包干"的转变,现在高校主要根据隶属关系获得财政经费支持。20 世纪 90 年代,基于分税制改革的财政分权体制建立,高等学校的隶属关系发生改变,一些原属于各部委的高校下放到各省,中央政府和地方政府在高等教育中的财权和事权进一步得到调整，在此背景下，中央政府的高等教育财政负担下降，地方政府的高等教育财政负担相应增加。地方高等教育财政投入意愿受到当地经济发展水平、财政支出体制和财政支出偏好等因素的影响，导致了高等教育财政投入水平的区域差异，于伟、张鹏（2015）发现高校扩招之后，生均教育经费的省际差异在 2005 年之后逐渐缩小，蔡文伯、黄晋生（2016）用预算内生均教育事业费表征高等教育投入，发现我国高等教育投入存在较大的省际差异，但是该差距在波动中逐渐缩小，经济增长差距与高等教育投入差距表现出显著的相关性，但是范海燕、于朋（2013）研究发现我国地方高校教育经费的省际差异与经济发展不具一致性，教育经费投入的增长落后于经济发展水平的增长。严全治、张倩倩（2010）利用不同指标分析各省高等教育投入努力程度的差异，聚类分析结果表明处于同一努力水平的组同时包括了经济发展水平差异较大的省份，验证了经济发展与高等教育投入努力之间没有严格的正相关性。就地方政府高等教育财政投入差异的影响因素，已有研究主要关注以下几个方面：

第一，财政分权体制的建立对地方高等教育财政投入的影响。相关研究的基本观点是在我国财政分权体制下，分税制改革导致了财权上移、高校隶属关系转移导致了高等教育发展事权下移，降低了地方政府高等教育财政投入意愿。付剑茹、部雅玲（2011）、仝宇（2014）认为财政分权是造成地方政府高等教育投入差异的重要原因，政府行政垂直集权与缺乏保障的分权体制在现行的财政拨款制度下加剧了高等教育投入的地区不平衡。李启平、晏小敏（2007）认为我国财政分权体制改革以及以经济绩效作为对地方官员主要考核指标的情况下，加大对基础设施建设的财政投入是地方政府的最优选择，从而导致了"重基础设施建设、轻教育等服务投入"的财政支出扭曲现状。秦惠民、杨程（2013）也发现地方政府高校经费投入的努力程度存在显著差异，实证结果显示东部地区高校经费投入受财政分权和政府竞争的负向影响最大，高等教育投入努力程度最低。

第二，地方政府财政实力和投资惯性对当地高等教育财政投入的影响。政府财力是高等教育发展的前提，政府财力的增加有助于促进高等教育投入增长，但其他公共财政需求有可能挤压政府对高等教育的投入，甚至在财力增长有限的情况下，义务教育财政投入可能存在对高等教育财政投入的挤出效应。李小克、郑小三（2012）以平均发展水平相对东部地区较低的中部六省份为研究样本，发现高等教育财政投入具有较强的时间惯性，政府规模、城镇化水平、实际人均收入和生师比等因素对高等教育财政投入具有不同方向的影响。

第三，高等教育发展政策、教育财政的配置效率对地方政府高等教育投入的影响。曹淑江、董克用（2007）认为中央政府的高等教育投入存在对地方政府高等教育投入的替代效应，尤其是在东部地区，替代效应最明显。唐万宏（2007）、熊丙奇（2007）认为高等学校对财政性教育经费使用效率不高从而降低了政府对高等教育投入的激励。程兰芳、左金金（2011）研究表明宏观教育政策对高等教育投入有显著影响，在高等教育收费、高校扩招等重大教育发展政策实施之后，高等教育投入显著增加。李明、王鹏（2012）认为受人才市场化和政府绩效的双重制约，高等教育投入具有较强的外部性，弱化了地方政府尤其是落后地区地方政府对高等教育投入的激励，从而导致全国高等教育投入不足。

已有研究将地方政府视为独立决策的主体，重点从财政体制、财政能力和相关政策等角度解释地方政府的教育投入行为，并以稳定的经济结构为潜在假定，主要进行静态分析。然而，康利斯克（Conlisk，1980）考察了决策主体之间的关联，证实了简单模仿和学习他人决策的有效性，而曼斯基（Manski，2000）不接受古典理论的核心假设，也认为在非完美市场中，有限理性的决策主体可能在偏好（Preference）、期望（Expectation）和决策约束（Constraint）三方面存在相互影响，托普勒（Tobler，1970）阐述的空间相关本质上正是决策主体相互作用在经验上的体现。相较于已有研究，本章可能的贡献在于将人力资本流动纳入分析框架，比较经济增长之后地方政府高等教育财政投入意愿的差异，为地方高等教育投入产生的空间相关性提供理论解释，并考虑产业结构升级引起的人力资本需求变动，利用空间计量模型和门槛模型实证研究发展水平不同省份经济增长促进高等教育财政投入的空间效应和门槛效应。

第三节 人力资本流动视角下经济增长与地方政府高等教育投入

高等教育通过提高人力资本水平、促进科技创新和吸引其他生产要素流入等途径促进经济增长，而经济增长亦可以以增强政府的财政实力、完善人力资本市场和工资定价机制、提高高等教育的回报率等方式鼓励政府或私人增加高等教育投入，从而促进办学规模的扩大和办学质量的提升。各国经济发展和高等教育发展经验表明，无论是在以公立高等教育还是私立高等教育为主的国家，经济增长和高等教育发展均表现出较强的正相关性，经济增长发展水平越高的国家，对高等教育投入的努力程度也越高。

以舒尔茨（Schultz, 1961）为代表的研究者肯定了人力资本的生产要素属性，卢卡斯（Lucas, 1988）认为与物质资本不同的是人力资本产生较强的正向溢出效应，具有边际产出不变或递增的特征，可维持持续的经济增长，在封闭的劳动力市场中，人力资本提升效应是政府增加高等教育投入的最强激励。然而，在开放和竞争性劳动力市场中，人力资本可在工资差异的激励下自由流动，从而形成高等教育投入的外溢效应。一国范围内，要素市场高度整合，人力资本流动壁垒低，增强了地方高等教育投入的外部性，在以地方财政作为高等教育投入主要来源的制度安排下，会降低经济增长之后地方政府投资高等教育的努力程度。参照巴罗（Barro, 1990）的模型，假定存在两个地区 i 和 -i，将人口标准化为 1，i 地区的生产函数为 $Y_i = K_i^\alpha P_i^{1-\alpha}$，$Y_i$ 为产出水平，K_i 为资本存量，P_i 为生产性支出，α 为资本的产出弹性（$0 < \alpha < 1$）。高等教育财政支出给本地带来的收益（本文假定主要为提升人力资本水平）设定为 E_i，i 地区政府的目标函数为：$U_i = \beta \ln(K_i^\alpha P_i^{1-\alpha}) + (1-\beta) \ln E_i$，$1-\beta$ 体现了高等教育发展在政府目标中的重要程度。如果存在高等

教育财政投入的外溢效应,则 i 地区可以得到来自 -i 地区高等教育财政投入的收益,i 地区的高等教育总收益为:$\ln(E_i + \phi E_{-i})$,ϕ 体现了外溢效应的强度 $(0 < \phi < 1)$。因此 i 地区政府的决策函数转变为:$\max: U_i = \beta(K_i^\alpha P_i^{1-\alpha}) + (1-\beta)\ln(E_i + \phi E_{-i})$,决策变量为 P_i、E_i。可计算出均衡的高等教育投入为:$E^* = \dfrac{2(1-\beta)T}{2(1-\alpha)\beta(1+\phi) + 2(1-\beta)}$,T 为给定的财政收入总量,通过比较静态分析可得到:$\dfrac{\partial E^*}{\partial \phi} = \dfrac{(1-\alpha)(1-\beta)\beta T}{[(1-\alpha)\beta(1+\phi)+(1-\beta)]^2}$,外溢效应强度对地区高等教育财政投入产生负向影响。

20世纪90年代,大学生就业体制改革逐步实施,最终建立了"不包分配、竞争上岗、择优录用"的市场化就业体制,消除了大学生跨区就业的制度障碍。我国区域经济发展差距明显,工资水平、就业环境和职业风险的区域差异大,人力资本跨区流动意愿较强,东部沿海地区良好的工资收入和就业机会激励了高校毕业生人才向当地聚集。相关研究发现高技能劳动力比低技能劳动力更倾向于流向沿海地区,高校毕业生初次就业的首选地为东部地区,其次是中部地区,最后才是西部地区,并且著名研究型大学的毕业生选择东部地区就业的意愿更强,以中部某省为例,2015 年高校毕业生首次签约到省外工作的人数占比为 60.8%,主要流向粤、浙、沪三个地区,秦惠民、王名扬(2016)甚至发现接受高等教育的个体还会带动家庭的流动,并且以向发达地区的正规性流动为主。由于人力资本的跨区流动,发达地区虽然财政实力雄厚,对人力资本的需求更高,但可通过人力资本的输入获得来自其他地区高等教育投入的正外部性,经济增长之后未必具有相比其他地区更强的高等教育投资意愿。欠发达地区由于人力资本的输出,无法获得本地高等教育投入带来的所有收益,但为了满足产业发展的需求、改善投资环境,仍有可能存在增加高等教育投入的激励政策。

第四节 实 证 研 究

一、变量选择和数据说明

我国高等学校从多种途径获得办学资金,包括政府财政预算投入、学费、社会捐赠、校办企业营业收入等,但是来自政府的财政性高等教育投入占绝对主导地位,占比呈现出递增趋势。高等学校隶属关系决定了其财政性资金的主要来源,地方财政对高等教育的投入主要体现为对省属高校的经费支持[①],以地方普通高校生均公共财政预算教育经费表征地方高等教育财政投入,为本章的被解释变量(y),描述性统计结果参见表 8.1。

表 8.1　　地方普通高校生均公共财政预算教育经费统计结果　　单位:元

年份	均值	标准差	最小值	最大值	年份	均值	标准差	最小值	最大值
1999	7482	3258	3855	18488	2008	8115	5028	3940	26182
2000	7106	3543	2954	18407	2009	8322	5356	4285	31500
2001	6758	3565	2393	17053	2010	10090	6361	4307	36921
2002	6227	3974	2788	19983	2011	14574	8313	7589	45414
2003	5831	4373	2216	21102	2012	17151	7530	11125	49944
2004	5614	3867	2102	18067	2013	16444	8539	10215	48071
2005	5857	5148	2252	27064	2014	16713	9223	11268	58709
2006	6042	4482	2359	21195	2015	19367	10363	11506	62442
2007	6785	4502	2968	22184					

资料来源:根据《中国教育经费统计年鉴》(各年)中数据计算得出。

---

① 地方财政对非省属高校亦有财政资金的支持,省属高校也可以通过各种渠道获得中央财政的支持,但是省级财政对省属高校的经费投入可以比较准确地体现其发展高等教育的意愿。

从表 8.1 变量的均值来看，地方政府的高等教育财政投入意愿随着经济发展水平的提高而显著增加，样本期内生均教育财政投入从 7482 元增加到 19367 元，年均增长率为 6.12%。从地方高等教育财政投入的省际差异来看，1999 年，西藏自治区生均教育经费最高，为 18487.78 元，新疆维吾尔自治区最低，为 3855.34 元，前者是后者的 4.80 倍，而到 2015 年，北京市生均教育经费最高，为 62442.09 元，湖南省最低，为 11505.59 元，前者是后者的 5.43 倍，高等教育财政的省际不均衡程度显著。

为了揭示经济增长水平不同的地区投资高等教育意愿的差异，核心解释变量设定为人均地区生产总值（growth）。将其他影响高等教育财政投入的因素作为控制变量加入计量模型中，包括：（1）地方财政自给率（x1），用地方财政收入除以地方财政支出表示。财政分权之后，大部分省份财政自给率均小于 1，使得地方政府在提供公共物品时面临较大的财政压力，一定程度上限制了包括高等教育在内的公共物品供给水平。（2）地方高等教育发展规模（x2），用每十万人普通高等学校在校生数表示。高校扩招以后，高等教育发展迅速，主要体现为办学规模的扩张，在地方财政增长速度有限的情况下，办学规模扩张容易影响办学质量的提升，即影响生均高等教育财政投入的增长。（3）财政分权（x3），已有研究文献包括多种表示财政分权的指标，本章借鉴王志刚（2011），用地方人均财政支出/（地方人均财政支出+中央人均财政支出）表示。财政分权对中国经济发展、财政支出安排、公共产品供给水平和结构的影响已被充分证明，多数研究认为在地区经济增长锦标赛的驱动下，财政分权不利于政府增加教育财政支出。然而，相比基础教育和其他福利性公共产品而言，高等教育具有更直接的经济增长效应，即便在财政分权的制度安排下，地方政府也可能存在相对更高的激励投资高等教育。（4）省属公办高校数量（x4）。我国高等教育发展水平不均衡，高校数量和高校办学质量都存在明显的区域差异，中东部地区高校数量多于西部地区，综合院校和专业性院校分布比较齐全，但反过来也对当地政府的高等教育投入带来负担。而在西部一些省份，比如西藏、青海、宁夏等省区，高校数量有限，可能会利用更多的财政资源来发展高等教育。(5) 财政竞争（x5），以基础设施水平表示。在政府财政收入有限的情况下，政府目标函数决定了财政支出结构。当追求经济增长成为主要目标时，政府可能更愿意将有限的财政支出布局到基础设施这类公共产品上，从而挤压对其他公共产品的投入。反之，如果改善公共服务水平、提高居民福利是政府的主要目标，则会带来相反的财政支出安排。(6) 高等教育结构（x6），以省属公办本科高校占省属公办普通高校总数之比表示。本科教育与专科教育、职业教育的办学定位不同，地方政府对高等本科教育的投入往往高于其他类型的高校，可以预测本科高校越多，生均财政性高等教育投入会相应提高。(7) 劳动力人力资本（x7），利用教育年限法计算大专以上就业劳动力的人力资本水平，计算公式为：大专学历劳动力人数占比×15 + 本科学历劳动力人数占比×16 + 研究生及以上学历劳动力人数占比×20。在开放的劳动力市场中，当地劳动力人力资本水平可能反向影响政府高等教育投入。①

本章数据分别来自《中国教育经费统计年鉴》《中国区域经济统计年鉴》《中国人口和就业统计年鉴》《中国教育统计年鉴》和国家统计局数据库等，为 1999 ~ 2015 年平衡省级面板数据，研究样本为不包括中国香港、澳门和台湾在内的 31 个省级行政区。为减少数据波动对参数估计的不良影响，回归分析中对各变量原始数据取其自然对数值。

二、经济增长提升高等教育财政投入的区域差异

在所有计量模型中，表 8.2 中参数估计结果显示经济增长对高等教育财政投入的正向影响均非常显著，变量系数在 1% 的显著性水平上通过检验，说明经济增长有利于提高高等教育财政投入。与此同时，高等教育发展规模对人均高等教育财政投入产生显著的负向影响，说明高等教育规模扩张不利于提高高校生均教育财政投入，该负向效应在中部地区最强，其次是西部地区，东部地区最弱。基于全国样本的

---

① 以上控制变量根据参数估计结果的显著性和计量模型的整体拟合优度，选择性的出现在不同的计量模型中。

计量模型显示（模型1），除经济增长之外，财政自给率对高等教育财政投入产生了显著的负向影响，公办本科大学占比对高等教育财政投入产生了正向影响。与其他研究结论不同的是，模型1表明财政分权和财政竞争对财政性高等教育投入产生了显著的正向影响。分地区的计量模型显示经济增长的系数值存在地区差异（模型2~模型4），经济增长促进高等财政教育投入的效应在西部地区最明显，经济增长1%可促进财政性高等教育财政投入增加1.46%，说明西部地区经济增长之后最愿意投资高等教育，其次是中部和东部地区，经济增长1%分别可促进高等教育财政投入增加1.32%和1.11%。另外，其他变量的显著性检验和参数估计值也存在一定的区域差异，例如，西部地区的计量模型显示，省属公办高校的数量和公办本科高校占比对财政性高等教育投入产生正向影响（10%的显著性水平上显著），而该影响不存在于其他两个地区。

表8.2　　　　　　　固定效应面板数据模型参数估计结果[①]

	模型1 全国样本	模型2 东部样本	模型3 中部样本	模型4 西部样本
ln_growth	1.276 *** (0.05)	1.107 *** (0.08)	1.323 *** (0.09)	1.464 *** (0.06)
ln_x1	-0.379 *** (0.09)		0.020 (0.19)	-0.670 *** (0.13)
ln_x2	-1.028 *** (0.05)	-0.890 *** (0.09)	-1.256 *** (0.12)	-1.147 *** (0.09)
ln_x3	0.743 *** (0.26)	1.216 ** (0.50)	0.852 * (0.47)	
ln_x4	-0.025 (0.07)	-0.095 (0.14)	-0.074 (0.17)	0.183 * (0.11)
ln_x5	0.111 *** (0.03)	0.153 *** (0.06)		0.047 (0.46)

[①] 模型2和模型4的Husman检验参考连玉君等（2014）。

续表

	模型 1 全国样本	模型 2 东部样本	模型 3 中部样本	模型 4 西部样本
ln_x6	0.174 ** (0.09)	0.073 (0.20)	-0.162 (0.21)	0.393 *** (0.11)
ln_x7	-1.737 (1.89)	-0.718 (3.45)	3.157 (3.59)	-2.228 (2.93)
常数项	17.093 (18.36)	1.202 (33.65)	-28.311 (35.28)	26.748 (27.91)
Husman 检验统计量	39.27	31.58	18.15	44.12
r^2	0.671	0.703	0.866	0.654
N	527	187	136	204

注：括号中的数值为标准差，* 表示在1%的显著性水平上通过检验，** 表示在5%的显著性水平上通过检验，*** 表示在10%的显著性水平上通过检验。

三、高等教育财政投入的空间效应

由于区域在地理位置上接壤、经济发展水平相近以及生产要素跨区流动等原因，事物之间空间上可能是相互联系的，因此，相比传统的经典计量模型，考察空间相关的计量模型参数估计结果能更准确地描述经济变量之间的因果关系。

（一）高等教育财政投入的空间相关性检验

利用莫兰（Moran）指数判断高等教育财政投入空间相关的强度和方向，全域莫兰指数的计算公式为：

$$I = \frac{\sum_{i=1}^{n}\sum_{j=1}^{n}w_{ij}(x_i - \bar{x})(x_j - \bar{x})}{S^2 \sum_{i=1}^{n}\sum_{j=1}^{n}w_{ij}}$$

上式中，$S^2 = \frac{\sum_{i=1}^{n}(x_i - \bar{x})}{n}$ 为样本方差，$\sum_{i=1}^{n}\sum_{j=1}^{n}w_{ij}$ 为空间权重之和，

不同的权重矩阵反映不同性质的空间关联。由于经济发展水平、劳动力市场发育水平等因素的区域差异，我国人力资本流动主要表现为从中西部地区输入到东部地区，从内陆地区输入到沿海地区。经济发展水平接近的地区往往面临相似的人力资本流动方向，导致高等教育财政投入表现出空间相关性。基于此考虑，本章借鉴林光平等（2005）构建基于经济距离的空间权重矩阵，计算公式为：$w_{ij} \dfrac{1}{|GDP_i - GDP_j|}$①，莫兰指数的计算结果参见图 8.2。

图 8.2　1999～2015 年莫兰指数

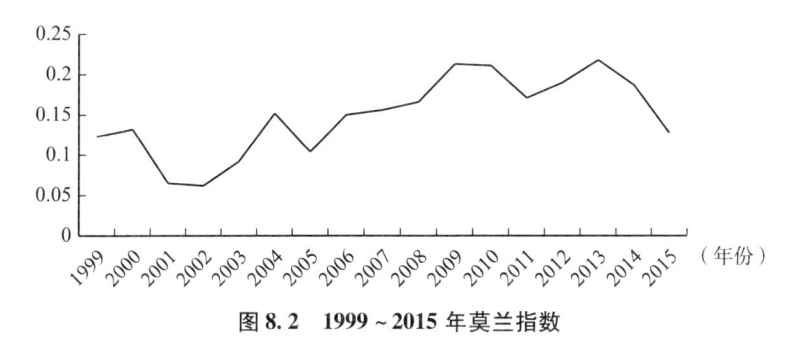

资料来源：依据国家统计局数据库、《中国教育经费统计年鉴》（各年）中的相关数据计算得出。

莫兰指数计算结果表明存在空间正向相关，样本期内的均值为 0.148，2013 年的数值最大，为 0.218，2002 年的数值最小，为 0.062，验证了经济发展水平越接近的省份高等教育财政投入水平越相近的初步论断。莫兰指数变动趋势显示样本期内高等教育财政性投入的空间相关性总体上是增强的，仅在 2000～2003 年以及 2014～2015 年表现出下降趋势。

（二）识别高等教育财政投入的空间效应

为识别出高等教育财政投入的空间效应，利用空间自回归模型

---

① 实际计算过程中将空间权重矩阵标准化。

（SAR）进行实证分析，考察被解释变量空间滞后项的影响，基准计量模型如下：

$$y_{it} = \rho w'_i y_t + x'_{it}\beta + u_i + \varepsilon_{it} (i=1,\cdots,n; t=1,\cdots,T)$$

w'_i为空间权重矩阵 w 的第 i 行，u_i为区域 i 的个体效应。空间计量模型需要考虑多方向及双向的因果关系，强化了计量模型的内生性问题。本章利用最大似然估计法估计空间自回归模型参数，估计结果参见表 8.3。

表 8.3　　　　空间自回归面板数据模型参数估计结果（FE）

	模型 5 全国样本	模型 6 东部样本	模型 7 中部样本	模型 8 西部样本
ln_growth	0.881 *** (0.09)	0.840 *** (0.09)	0.890 *** (0.09)	1.058 *** (0.13)
ln_x1	−0.355 *** (0.12)			−0.554 *** (0.15)
ln_x2	−0.684 *** (0.08)	−0.724 *** (0.09)	−0.838 *** (0.09)	−0.849 *** (0.13)
ln_x3		1.257 *** (0.42)		
ln_x4		−0.112 (0.11)	0.098 (0.09)	0.176 (0.12)
ln_x5	0.035 (0.03)	0.079 (0.06)	0.065 * (0.04)	
ln_x6	0.130 (0.09)			0.308 *** (0.11)
ln_x7			2.414 (2.86)	−5.699 *** (2.10)
空间滞后项	0.379 *** (0.07)	0.239 *** (0.07)	0.391 *** (0.06)	0.349 *** (0.08)
直接效应				
ln_growth	0.903 *** (0.09)	0.859 *** (0.09)	0.944 *** (0.08)	1.091 *** (0.12)
间接效应				
ln_growth	0.522 *** (0.11)	0.244 *** (0.07)	0.521 *** (0.08)	0.542 *** (0.15)

续表

	模型5 全国样本	模型6 东部样本	模型7 中部样本	模型8 西部样本
	总效应			
ln_growth	1.425 *** (0.09)	1.104 *** (0.08)	1.465 *** (0.08)	1.633 *** (0.17)
r^2	0.701	0.730	0.848	0.734
N	527	187	136	204

注：括号中的数值为标准差，* 表示在1%的显著性水平上通过检验，** 表示在5%的显著性水平上通过检验，*** 表示在10%的显著性水平上通过检验。为节约篇幅，表中未呈现其他解释变量的间接效应值和直接效应值。FE 为固定效应模型。

相比表8.2中的模型，大部分表8.3中的模型 r^2 增加，说明考虑空间效应的回归模型拟合度提高。从空间自回归模型的参数估计结果来看，基于全国样本的计量模型显示，经济增长对高等教育财政投入产生了显著的正向影响，在1%的显著性水平上通过检验，空间滞后项也在1%的显著性水平上通过检验，系数估计值为0.379，说明空间滞后项对地方高等教育财政投入的影响的确存在，经济发展水平接近的地区之间高等教育财政投入具有明显的正向示范效应。从核心解释变量直接效应和间接效应的分解结果来看，若经济增长1%，将导致本地高等教育财政投入增加0.9%，导致其他地区高等教育财政投入增长0.52%。我国三大经济发展区域，无论是经济体量还是经济发展方式都存在明显差异，导致地方政府在教育财政投入方面表现出显著的区域特征。为此，利用空间自回归模型针对三大区域分别进行了实证分析，模型6~模型8的参数估计结果显示，核心解释变量和空间滞后项对高等教育财政投入的影响方向无异于模型5，但变量系数差异较大。中部地区（模型7）空间滞后项的系数估计值最大，为0.391，说明地方高等教育财政的空间示范效应最强，其次是西部地区，系数估计值为0.349，东部地区的空间示范效应最弱，系数估计值仅为0.239，较大程度的低于中西部地区。另外，从核心解释变量的直接效应和间接效应的分解来看，西部地区（模型8）经济增长对高等教育财政投入的促进作用最大，直接效应和间接效应均高于中部和东部地区，系数估计值分别为 1.091 和 0.542，说明西部地区经济增长 1%，可直接促进本省高等教育财政增加 1.09%，间接促进其他省份增加 0.54%。同样，模型回归结果显示控制变量对高等教育财政投入的影响也存在区域差异，模型 5 和模型 8 显示，财政自给率对高等教育投入的影响是负向的，说明从全国和西部地区的情况来看，财政自给率提高反而不利于增加高等教育财政投入，所有计量模型均显示高等教育发展规模不利于提高生均高等教育财政投入，即高等教育外延式扩张不利于提升内涵发展质量，与表 8.2 呈现的结果一致。

（三）经济增长促进高等教育财政投入的门槛效应

1. 门槛变量选择

由于经济发展水平和资源禀赋的变化，经济变量之间的关系通常会发生结构性转变，表现出非线性相关。人力资本的跨区流动虽然会降低各省对高等教育的投入，从而降低人力资本累积速度，但随着产业结构的转型升级，对人力资本的要求相应提高，倒逼地方政府增加高等教育财政投入。产业结构服务化是各国经济发展表现出来的共同趋势，相比农业和制造业，服务业尤其是生产性服务业的成长依赖于人力资本的提升，比如金融保险、科学研究事业和综合技术服务业等行业，人力资本水平是这些行业发展的关键影响因素。基于此考虑，利用产业结构作为门槛变量考察经济增长对高等教育财政投入产生的门槛效应，计算方法为第三产业增加值占地区生产总值之比。

2. 门槛效应检验与识别

门槛效应检验结果说明存在明显的双门槛效应（参见表 8.4），因此以产业结构为门槛变量，利用双门槛计量模型考察经济增长促进高等教育财政投入的动态变化[①]，基准计量模型如下：

$$y_{it} = \mu_i + \beta'_1 x_{it} \cdot 1(q_{it} \leq \gamma_1) + \beta'_2 x_{it} \cdot 1(\gamma_1 < q_{it} < \gamma_2) + \beta'_3 x_{it} \cdot 1(\gamma_2 < q_{it} \leq \gamma_3) + \varepsilon_{it}$$

---

① 虽然东部地区单门槛效应更显著，但为与其他计量模型相统一，便于系数值比较，仍使用双门槛效应模型估计变量参数。

q_{it} 为门槛变量,即产业结构,γ 为待估计的门槛值。利用两步法估计模型参数,估计结果参见表 8.5。

表 8.4　　　　　　　　面板数据门槛效应检验

	全国样本		东部样本		中部样本		西部样本	
	F 统计量	P 值	F 统计量	P 值	F 统计量	P 值	F 统计量	P 值
单门槛	21.001 **	0.023	25.248 **	0.023	11.282 *	0.097	11.794	0.137
双门槛	22.874 ***	0.000	10.208 *	0.070	10.269 **	0.017	20.667 ***	0.000

注：* 表示在 1% 的显著性水平上通过检验，** 表示在 5% 的显著性水平上通过检验，*** 表示在 10% 的显著性水平上通过检验。

表 8.5　　　　　　面板数据门槛效应模型参数估计结果

	模型 9	模型 10	模型 11	模型 12
	全国样本	东部样本	中部样本	西部样本
ln_growth_1	0.952 *** (18.69)	1.062 *** (14.36)	1.098 *** (11.99)	1.153 *** (18.52)
ln_growth_2	0.961 *** (18.83)	1.090 *** (14.81)	1.113 *** (12.34)	1.144 *** (17.96)
ln_growth_3	0.978 *** (19.36)	1.114 *** (15.21)	1.124 *** (14.21)	1.179 *** 18.72
ln_x1	−0.310 *** (−6.08)		0.250 ** (2.03)	−0.402 *** (−3.48)
ln_x2	−0.697 *** (−15.79)	−0.838 *** (−11.63)	−0.976 *** (−13.29)	−0.599 *** (−7.33)
ln_x3	0.588 ** (2.26)	0.692 (1.54)	1.122 ** (2.60)	
ln_x4	−0.0421 (−1.27)	−0.0872 (−1.39)	0.099 (0.72)	−0.152 *** (−3.17)
ln_x5	0.0415 ** (2.01)	0.126 *** (3.25)		0.185 *** (4.26)
ln_x6	0.115 * (1.69)	0.057 (0.35)	0.369 ** (2.01)	0.234 ** (2.27)

续表

	模型9	模型10	模型11	模型12
	全国样本	东部样本	中部样本	西部样本
ln_x7	3.256 (1.47)	-2.486 (-0.80)	8.609*** (3)	-7.605** (-2.11)
常数项	-28.95 (-1.36)	22.94 (0.76)	-92.16*** (-2.92)	77.99** (2.26)
r^2	0.823	0.882	0.912	0.838
N	527	187	136	204
第一门槛值	0.401	0.353	0.342	0.347
第二门槛值	0.439	0.507	0.399	0.44

注：括号中的数值为t统计量，*表示在1%的显著性水平上通过检验，**表示在5%的显著性水平上通过检验，***表示在10%的显著性水平上通过检验。

基于全国样本计量模型显示的门槛值分别为0.401和0.439，核心解释变量的系数变化表明，随着产业结构服务化率上升，经济增长对高等教育财政投入的正向影响越来越大，产业结构服务化率低于40.1%时，经济增长1%可带来高等教育财政投入增长0.95%，当产业结构服务化率超过43.9%时，经济增长1%可带来高等教育财政投入增加0.98%。三个地区的门槛效应计量模型参数估计结果均表明随着产业结构服务化率的提升，经济增长对高等教育财政投入的正向影响增加。对应于不同门槛变量数值区间的核心解释变量系数估计值显示，东部地区，当产业结构服务化率低于35.3%和高于50.7%时，经济增长1%可引起高等教育财政投入分别增加1.06%和1.11%，增长率为4.5%；而在中部地区，当产业结构服务化率低于34.2%和高于39.9%时，经济增长1%可引起高等教育财政投入分别增加1.10%和1.12%，增长率为1.8%；在西部地区，当产业结构服务化率低于34.7%时和高于44%时，经济增长1%可引起高等教育财政投入分别增加1.15%和1.18%，增长率为2.6%。系数估计值的变化说明，东部地区提高高等教育财政投入的门槛较高，但是产业结构变化的激励效应较大，而中部地区提高高等教育财政投入的门槛较低，但产业结构变化的激励效应较小,西部地区则处于中间水平。从系数估计值的比较看,产业结构服务化对高等教育财政投入产生的门槛激励效应不是非常巨大,尤其在中西部地区,产业结构升级之后,经济增长促进高等教育财政投入的变化不是非常显著,这可能是因为短期内对人力资本需求较高的生产性服务业增长速度有限,而对人力资本要求相对较低的非生产性服务业规模扩张较快。

第五节 结论与政策建议

本章基于1999~2005年的省级面板数据,以人力资本流动及产业结构升级为分析视角,利用空间计量模型和门槛模型,实证研究经济增长促进高等教育财政投入的空间关联性和动态变化。研究结论表明:(1)地方经济增长明显有利于促进当地高等教育财政投入,但也存在显著的区域差异,发展水平高、财政能力强、人力资本输入规模大的东部地区,经济增长促进高等教育财政投入的效应弱于中西部地区,反而是人力资本输出规模较大的西部地区经济增长促进高等教育财政投入的效应最强。(2)由于面临相似的人力资本流动方向,经济增长水平越接近的地区,高等教育财政投入水平也越接近,地方高等教育财政投入存在明显的空间示范效应,该效应在中部地区最强,其次是西部地区和东部地区,但仍然是西部地区经济增长对高等教育财政投入产生的直接效应和间接效应最强。(3)地区产业结构服务化有利于提高经济增长从而对高等教育财政投入的促进作用,尤其是东部地区,当服务业占比达到一定水平之后,经济增长促进高等教育财政投入的边际递增效应最明显。

本章的政策含义为:(1)中央政府应通过完善官员考核制度等途径强化部分省份的高等教育投入责任,尤其是发达的东部省份,通过发挥空间示范效应,带动其他省份的高等教育投入。(2)继续对中西部省份的高等教育补贴及中央财政的转移支付,推动高等教育均衡发展,弥补人力资本流动对地方高等教育财政投入形成的负向激励效应,尤其需要从总量上提高没有或少有部署院校省份的高等教育投入。(3) 完善人力资本市场，特别是减少中西部省份的人力资本市场扭曲，形成合理的工资定价机制，留住本地高校培养的人才就业，逆向激励地方政府投资高等教育。(4) 推动产业结构的转型升级，提高高等教育发展与产业结构的匹配度，形成对地方高等教育财政投入的倒逼机制。生产性服务业对高层级人力资本的需求更高，在具备条件的东部发达省份，应充分鼓励生产性服务业的发展，形成对当地政府投资高等教育的强激励。

参考文献

[1] 蔡文伯，黄晋生．我国省际间高等教育投入差距的实证分析——基于省级面板数据［J］．教育与经济，2016 (4)：30-36.

[2] 曹淑江，董克用．我国政府之间高等教育投资责任划分问题研究［J］．财贸经济，2007 (9)：26-32.

[3] 程兰芳，左金金．政策因素对我国高等教育投入影响的计量模型［J］．现代教育管理，2011 (9)：19-23.

[4] 邱俊鹏，孙百才．高等教育对经济增长的影响——基于分专业视角的实证分析［J］．教育研究，2014，35 (9)：39-46.

[5] 范海燕，于朋．中国地方高校预算内教育经费的差异性研究［J］．教育与经济，2013 (1)：62-66.

[6] 方芳，刘泽云．普通高校经费收入结构对生均经费的影响［J］．高等教育研究，2017，38 (3)：56-64.

[7] 付剑茹，部雅玲．地方高等教育投入的实证研究——基于财政拨款的分析［J］．教育学术月刊，2011 (8)：37-40.

[8] 郭鹏．中国高等教育投入制度变迁［J］．中央财经大学学报，2008 (5)：22-27.

[9] 李明，王鹏．地方政府对高等教育经费投入不足的研究综述［J］．现代大学教育，2009 (6)：104-107.

[10] 李启平，晏小敏．地方政府标尺竞争对高等教育投入的影响［J］．教育评论，2007 (5)：32-35.

［11］李小克，郑小三. 高等教育财政支出影响因素研究——基于 2000～2009 年中部六省的面板数据［J］. 教育发展研究，2012，32（11）：7-13.

［12］李振宇，王骏. 中央与地方教育财政事权与支出责任的划分研究［J］. 清华大学教育研究，2017，38（5）：35-43.

［13］连玉君，王闻达，叶汝财. Hausman 检验统计量有效性的 Monte Carlo 模拟分析［J］. 数理统计与管理，2014，33（5）：830-841.

［14］廖楚晖. 政府教育支出区域间不平衡的动态分析［J］. 经济研究，2004（6）：41-49.

［15］廖康礼，王玉勤，罗贤慧. 财政分权体制下地方高等教育收益外溢效应的测算及政策影响［J］. 教育与经济，2016（3）：37-44.

［16］林光平，龙志和，吴梅. 我国地区经济收敛的空间计量实证分析：1978—2002 年［J］. 经济学（季刊），2005（S1）：67-82.

［17］马陆亭，刘红宇. 高教财政投入和社会投入占 GDP 比例的政策价值［J］. 华中师范大学学报（人文社会科学版），2015，54（1）：150-160.

［18］秦惠民，王名扬. 家庭流动作为高等教育溢出效应的理论阐释与实践类型分析［J］. 中国高教研究，2016，（10）：27-32.

［19］秦惠民，杨程. 地方政府对高等教育投入努力程度的实证研究［J］. 国家教育行政学院学报，2013（7）：73-79.

［20］全宇. 财政分权与地方高等教育财政投入的差异［J］. 经济论坛，2014（5）：105-107.

［21］唐万宏. 绩效评价：高等教育投入机制改革的政策导向［J］. 中国高教研究，2007（6）：46-48.

［22］王峰虎，吴克强，叶道猛，杨笛. 陕西省属高校教育经费投入问题与对策［J］. 西北农林科技大学学报（社会科学版），2005（2）：36-41.

［23］王红. 我国普通高校经费状况与地区差异分析［J］. 教育发展研究，2005（15）：18-24.

［24］王志刚，王蓉. 财政分权、政府竞争和地方高等教育投入

[M]. 北京：社会科学文献出版社，2011. 73 - 101.

[25] 熊丙奇. 高校亟需建立"保障经费有效使用机制"[J]. 教育与职业，2007（28）：20.

[26] 严全治，张倩倩. 省级政府对高等教育投入努力程度的实证研究[J]. 教育与经济，2010（3）：17 - 20.

[27] 姚益龙，林相立. 教育对经济增长贡献的国际比较：基于多变量 VAR 方法的经验研究[J]. 世界经济，2005（10）：26 - 32，80.

[28] 于伟，张鹏. 我国高校生均经费支出省际差异的再分析——基于 shapley 值分解的方法[J]. 北京大学教育评论，2015，13（2）：97 - 107 + 190 - 191.

[29] 赵晶晶. 我国高校毕业生就业流动研究——基于空间流动网络的视角[J]. 教育发展研究，2016，（3）：45 - 51.

[30] 赵伟，李芬. 异质性劳动力流动与区域收入差距：新经济地理学模型的扩展分析[J]. 中国人口科学，2007，（1）：27 - 35，95.

[31] Barro R. J.，"Government Spending in a Simple Endogenous Growth Model，"[J]. Journal of Political Economy，1990，98（5）：103 - 126.

[32] Conlisk, J.（1980）. Costly optimizers versus cheap imitators[J]. Journal of Economic Behavior & Organization，1（3），275 - 293.

[33] Lucas Robert，"On the Mechanics of Economic Development"[J]. Journal of Monetary Economics，22（1988）：3 - 42.

[34] Manski, C. F.（2000）. Economic analysis of social interactions[J]. Journal of economic perspectives，14（3），115 - 136.

[35] Schultz T. W.，"Investment in human capital"[J]. American Economic Review，51，2（1961）：1 - 17.

[36] Tobler W. R.（1970），A Computer Movie Simulating Urban Growth in the Detroit Region[J]. Economic Geography，46：234 - 240.

后　　记

　　教育经济学属于教育学与经济学的交叉学科，教育以"使人作为人成为人"作为根本旨归，而经济发展的终极目的亦是增加社会财富、满足人们的多层级需求以提升福祉，从某种意义上来讲，两者本质上是相通的，更彰显两个学科交叉研究的价值所在。不曾记得从哪个具体时间节点开始对教育经济学的研究产生了兴趣，如果一定要找到激发这一兴趣的某些潜在因素，我想大致与我在一所商科大学完成本科教育之后在两所师范大学有过较长的学习经历存在一定关联。我分别于2007年和2012年从西北师范大学、北京师范大学获得经济学硕士学位和博士学位，西北师大历史可追溯至抗战时期因国立北平师范大学（北师大前身）西迁而设立的国立西北师范学院，两所学校一脉相承，历史悠久、人文底蕴深厚、校风严谨淳朴，两所母校给予了我深深地学术浸润，也让我有机会从母校汲取源源不断的学术养分，师范大学特有的教育与学术环境也让我自然而然地关注更多的教育经济问题。本书归集整理了我进入教育经济学研究领域以来的部分研究成果，希望能够为相关领域的研究者提供一些有价值的借鉴，也能让教育领域的亲身参与者和政策制定者，包括教师、教育管理部门的工作者甚至是学生家长在关注教育的同时，也关注教育与经济增长的关系，兼顾受教育者的自由全面发展和教育之经济增长效应。

　　本书出版得到了所在单位南昌大学经济管理学院的大力支持，出版社诸位老师为本书出版提供了无私帮助，我的研究生祝建栋、胡靖和刘艺博为本书的出版作出了贡献，在此一并感谢！谨以此书献给在学术之路上为我提供帮助的家人、老师、同学、同事和朋友！

吴伟伟